100年企業をつくる
親子でM&A
三世代事業承継のコツ

田中 一
世代を結び、100年をつなぐ税理士
アルファ財産コンサルティング株式会社代表

合同フォレスト

まえがき

会社の寿命、かつては「30年」、今は「24年」

今、老舗企業の倒産が増えています。

２０１７年３月に発表された東京商工リサーチの調査「２０１６年『業歴30年以上の「老舗」企業倒産』調査」によると、倒産企業８４４６件のうち、業歴が判明した７４５７件の中で業歴30年以上の老舗企業は、２４０３件（構成比32・２％）でした。２０１１年以降、６年連続で30％以上となっています。

また、同調査から、会社の平均寿命は24・１年であることがわかりました。従来言われてきた「会社の寿命30年説」は過去のものとなっているのです。

「平成の経営の神様」と言われる京セラの創業者・稲盛和夫さんは、かつて「企業の寿命30年説」をテーマに講演（「平和堂創業50周年記念」２００７年）していますが、この講演の中で、稲盛さんは次のように述べています。

「会社は、創業して30年経つとガタがきて傾く。そうならないために、皆で力を合わせなければならない。傾くどころか、さらに立派な会社にしなければならない」

さらに稲盛さんは、「戦後の復興の中で、30年以上命脈を保った会社は多くない」とも語っています。

京セラの創業者であり、日本航空を立て直した名経営者であっても、30年を超えて企業を存続させることは難しいと主張しているのです。

多くの企業は「事業承継」に苦慮している

では、なぜ老舗企業が倒産の危機にあるのでしょうか。私は稲盛氏のメッセージから、「事業承継」の重要性を強く認識しました。

もし今の社長が、次の若い世代へバトンを無事渡すことができたら。たとえ企業の平均

図１　中小企業経営者年齢の分布（年代別）

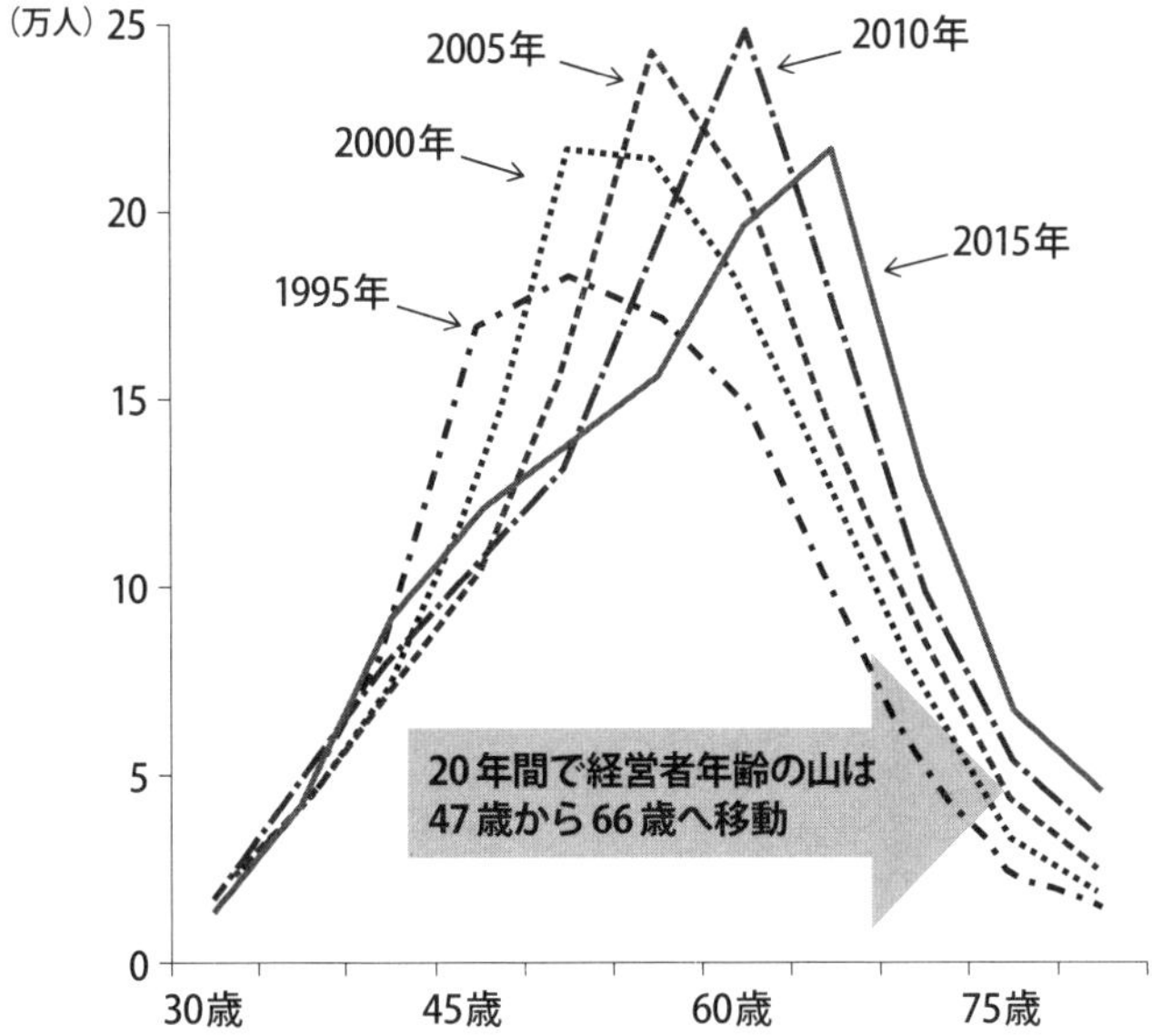

中小企業庁「中小企業の事業承継の現状について」

寿命が24年であっても、新しい世代に変わることで、次の世代を迎えられます。一代では24年であっても、二代なら48年、三代なら72年です。

つまり、きちんと事業承継ができていれば、「１００年企業」のバトンを次世代へと手渡すことができるのです。また、経営者の若返りを実現できれば、時代の変化にも耐えうる企業になれることが期待されます。

しかし、企業の事業承継は思うように進んでいないのです。

中小企業庁が２０１７年に公

表している資料「中小企業の事業承継の現状について」によると、ここ20年間において、〝経営者年齢の山〟は47歳から66歳へと移動しています。加えて、経営者の平均引退年齢も上がっているのが実情です（図1）。

しかも、60歳以上の経営者のうち、50％超が廃業を予定していることもわかりました。その理由として、「子どもに継ぐ意思がない（12・8％）」「子どもがいない（9・2％）」「適当な後継者が見つからない（6・6％）」が全体のおよそ3割を占めています。

事業承継がうまくできない企業は、必然的に、廃業せざるを得ない状況へと追い込まれてしまいます。そして現実に、事業承継に苦慮している企業がたくさんあるのです。

それこそまさに、老舗企業が倒産危機にある理由です。

会社を存続させる事業承継を成功させるために

私自身、所属していた会社の廃業を体験したことがあります。

大学卒業後、税務署勤務を経て税理士法人に就職した私は、会社の部署が独立する形で新しい会社の設立に携わります。その会社では執行役員を務めていました。

しかし、忘れもしない２０１０年6月。社長が突然、次のような発言をしたのです。

「今月でうちの会社は解散します」

まさに寝耳に水でした。当時、わが家では息子が中学受験を終えたばかり。これから先、何かとお金がかかる状況の中で、気を引き締めていた矢先のできごとです。

私はそのとき、自分の生活がこれほどまでに会社の命運に左右されてしまうという関係性の濃さを認識し、会社を取り巻くステークホルダー（利害関係者）との立場をあらためて体感しました。

しかも役所の担当者からは、税理士である私には失業保険が給付されないという、驚愕の言葉を投げかけられました。

そのとき、私は驚きを通り越して笑いがこみ上げてきました。暗く落ち込むなどという、普通の反応すら飛び越えてしまったのです。30年以上も真面目に働き、雇用保険を払っていたのにもかかわらず、失業してもお金がもらえないのですから。

このように、会社の廃業は多くの人に影響を及ぼします。社長や会社の取引先、役員だけの問題ではないのです。社員はもちろん、その家族が路頭に迷う可能性すらあります。

そのような経験を経て、私は「自分が関わる会社は、一社でも多く救いたい」と思うようになりました。それが私の原点です。

そこで本書では、私の専門分野である事業承継の問題を解決するために、「親子でＭ＆Ａ」という手法を提案しています。

「親子でＭ＆Ａ」を実践することにより、あらゆる企業がスムーズに事業承継を実現し、〝１００年をつなぐ経営〟を実現することが可能となります。本書では「現状把握＆プレ事業承継」「事業承継の実践」「ポスト事業承継」という３ステップを経ることによって、どんな企業でも正しい事業承継が実現できることを提言しています。

ぜひ、本書を読むことで、「親子でＭ＆Ａ」の概念を理解し、実践していただければ幸いです。

本書の構成は次の通りです。

第１章では、現状の事業承継における問題点について考えます。第２章では、１００年企業が生まれるポイントについて紹介し、第３章では、親子間における事業承継の課題を、そして第４章では、「親子でＭ＆Ａ」の概念を提示します。

第５章から第７章までは、「親子でＭ＆Ａ」を実践するために必要な３つのステップをそれぞれ詳しく紹介します。

最終章の第8章では、本書のまとめとして、100年企業をつくるための考え方について総括しています。

本書を最初から最後までお読みいただければ、「親子でM＆A」の必要性と方法論をご理解いただけるはずです。もちろん、興味がある箇所から読んでいただいてもかまいません。どこから読んでもわかるよう、内容を工夫しています。

本書によって、100年以上続く長寿企業が一社でも増えたのなら、これに勝る喜びはありません。

田中　一

目次

第2章 老舗企業だけが持っている成功のノウハウ

第3章 事業承継の成否が会社の存亡を左右する!

第4章 「親子でM&A」で100年企業へ

第5章 親から子へ承継すべきポイントがわかる「親子でM&A」

第6章 いざ実践！「親子でM&A」

第7章 「親子でM&A」が会社の未来を拓く！

第8章 親子でつなぐ100年企業への〝夢のバトン〟

第1章

日本の企業は事業承継がへた!?

1 〝寿命〟を見誤る経営者

事業の継続は難しい

現代の日本において、創業から30年を超えて事業を継続できている企業は少なくなっています。もっと言えば、数年、10年、20年の単位でなくなっている企業も少なくありません。それだけ事業を継続するというのは難しいのが実情です。

私自身、税理士としての活動において、データを見たり情報を得たりする中で、消えていく多くの企業を見聞きしてきました。そのような経験を通して、肌感覚としても、ひとつの企業を30年以上続けるというのは大変なことなのだと実感しています。

そもそも日本の企業は、ほとんど（99・7％）が中小企業です。中小企業の中には、個人単位の企業や事業主も含まれています。そのような企業が、事業を大きく成長させることのないまま、何らかの理由で廃業している。それが日本の現実です。

もちろん、企業が廃業する理由はそれぞれ異なるでしょう。「資金繰り」という共通の問題はあるにしても、「成長の見込みが甘かった」「いつの間にか時代にそぐわない事業になってしまった」「社員が安定的に確保できなかった」など、多種多様です。

「顧客・取引先」「社員・組織」や「財務」というような大きな要因があるにしても、実際に廃業へと至るまでの道筋はふたつとして同じものはないでしょう。その点、人に個性があるように、企業にも個性があると考えるべきです。

個人でスタートした企業が、少しずつ成長をしていく過程において、事前の準備が足りないばかりに資金繰りが悪化してしまう。商品やサービスが受け入れられなくなり、気がついたらそうなってしまっているということも考えられます。

とくに銀行融資という点で考えてみても、業績が悪化してからあらためて支援してもらうのはやはり難しいでしょう。つまり、事業が傾いてから何らかの手を打とうと思っても、企業が実績で評価される以上、挽回するのは厳しいということなのです。

ビジネスモデルは30年で循環する

かつて、会社を始める（株式会社を設立する）ために、1000万円の資金が必要な時代がありました。有限会社であったとしても、300万円なければならなかったのです。それが今では、たったの1円で会社を設立できるようになっています。

ただし、会社を設立すればそれで事業が成立するわけではありません。当然、ビジネスの中心となる商品やサービスは不可欠ですし、もちろん顧客が安定的に確保できなければ、収益を得ることはできません。いくら会社設立に必要な資金が変わっても、この点だけは変わらないのです。

ビジネスモデルの寿命は、一般的に30年ほどまでであると言われています。つまり、立ち上げの段階で大きく稼ぐことができたとしても、その後も成長を続けていくためには、ビジネスモデルの寿命にも配慮する必要があります。

とくに現代では、インターネットの普及やＩＴ技術の進展によって、ビジネスモデルの寿命は短くなっているように感じます。情報が瞬時に行き渡る社会だからこそ、他社の参入も早く、競争は激しく、短い期間で市場が飽和してしまうのです。

どんなに成長している会社であっても、衰退していくビジネスモデルのまま、事業を継続していくことはできません。社会全体が変化しているのにもかかわらず、企業がその変化に対応できなければ、やがて衰退していくのは火を見るよりも明らかです。

では、企業はどうすればいいのでしょうか。端的に言えば、変化に対応すること。要するに、変わりゆく社会情勢や顧客のニーズ、トレンドなどを、ワールドワイドにとらえつつ、適切に変化できるように企業を構築していかなければならないのです。

ビジネスモデルの寿命と経営者としての寿命

ビジネスモデルに寿命があるように、人にもまた寿命があります。時宜にかなったビジネスモデルを取り入れ、最適なタイミングで参入した企業経営者であっても、いずれは老いてしまうものです。そうなる前に、次の世代へとバトンタッチする必要があります。

もし、新しい世代に企業を引き継げなければどうなってしまうのでしょうか。企業はなかなか新しく生まれ変わることができず、古い体質のまま、事業を継続していくことになります。そのような過程において、ビジネスモデルの寿命を迎えてしまうこともあるでしょう。

本来であれば、そうなる前に、新しい世代へとバトンタッチするべきです。いわゆる「事業承継」を経て、会社に新しい風をもたらすこと。その結果、ビジネスモデルを大きく転換させるきっかけになることも少なくありません。

ビジネスモデルの寿命が30年だとした場合、30年ごとに事業承継を繰り返すことによって、ビジネスモデルを刷新し、新しい発想や考え方、手法を取り入れていけば、企業の寿命を延ばすこともできるはずです。

経営者の立場から考えてみても、40歳で創業した人の場合、30年後には70歳。事業承継を考える時期としても自然です。次の世代に引き継ぐことによって、次の世代が30年、また次の世代が30年と事業を継続できれば、わずか3代で100年が見えてきます。

事実、100年を超える老舗企業は、そのように事業承継を経ることによって、企業を長く存続させています。ビジネス上の課題はあるにしても、事業承継を上手に取り入れることこそ、長寿企業を生み出すポイントであることは間違いなさそうです。

近年は、たしかに倒産率そのものは減少傾向にあります。その一方で、後継者未定の企業が127万社ほどあり、その多くが〝廃業予備〟の状態です。なぜなら、その半数は黒字企業であり、赤字続きで資金繰りに行き詰まるのとは異なり、普通であれば事業を継続できると考えられるものが、〝後継者〟問題を解決できなければ〝廃業〟を選択せざるを得ないという瀬戸際にあるためです。

このことからも、事業承継は待ったなしの課題であると言えるでしょう。

2　税理士が考える、倒産する会社の特徴

売上よりも利益が大事

会社は売上があれば存続できるわけではありません。企業が生き残るためには、売上だけでなく利益が欠かせません。そのような認識がなければ、経営者は企業を存続させることは難しいでしょう。会社の利益とはつまり、会社継続のための源泉なのですから。

しかし実際には、利益に対しての認識が十分でないケースが散見されます。利益ではなく、売上の多寡にばかり注目しており、その結果、気づかないうちに会社が傾いてしまっているということもあるのです。それでは、経営も安定しません。

また、過度に過去の成功体験にとらわれてしまうのも危険でしょう。事業が順調なときには、経営手腕の優劣や、時流や社会情勢からの影響も少ないものですが、いざ経営が悪化すると、会社本来の実力が見えてくるものです。

もし、過去の成功体験をそのまま引きずっていればどうなるでしょうか。これまでのやり方に固執してしまい、変わることができず、そのために苦しい状況を打開することができなくなる可能性もあります。

過去を基準とするのではなく、あくまでも正しい現状をしっかりと把握すること。そのうえで、売上だけに着目するのではなく、会社の利益についてもきちんと見ておくこと。そのように意識するだけでも、経営を立て直すきっかけとなり得ます。

黒字倒産という言葉もあるように、自社の製品がたくさん売れているのにもかかわらず、会社が倒産してしまう事例はたくさんあります。その裏には経営者の過信と慢心、あるいは利益とそこから生み出されるキャッシュ（お金）に対する認識の甘さがあることも少なくないのです。

お金がなければ継続できない

企業経営において、お金は血液のような存在です。よく「キャッシュフローが大事」という言葉を聞くことがあるかと思いますが、その背景には、お金がきちんと回らなければ企業は存続できないという事情があります。

たとえば、自社の製品やサービスが社会に受け入れられ、次々に顧客が増えていく企業があったとしましょう。その企業が、人件費や設備投資に多大な支出をしてしまい、資金が回らなくなったらどうなるのか。当然、倒産するしかありません。

いくら売上があっても、いくら商品やサービスが優れていても、お金がなければ継続していくことはできない。それが企業経営の厳しいところであり、かつ、シンプルでありながら本質でもあります。その点を忘れてはなりません。

よくあるケースとしては、売上よりもコストのほうが高くなってしまうというものです。売上をあげることはできても、上がり続けたコストを下げるのはそう簡単なことではありません。そのような企業は、利益体質ではなく、コスト体質であると言えます。

コスト体質の企業は、事業を続ければ続けるほど、コストが経営を圧迫することになります。多大なコストをカバーしようとしても、肥大化したコストはなかなか減らず、売上をあげてもカバーできない。そうなると、改善は容易ではありません。

いわゆる「どんぶり勘定」の企業は、コストの肥大化になかなか気づけないものです。売上と利益とのバランスを考えると、実はそれほど儲かっていないということもあります。その点、注意しなければなりません。

倒産の原因は資金不足

税理士としての視点から会社を見る場合には、やはり利益率に着目します。数値的にも判断しやすく、比較しやすいためです。また、単純に利益率をチェックするのではなく、それが上昇カーブを描いているかどうかを見るのです。

経営が悪化している企業は、上昇カーブを描いていないものです。具体的には、黒字の幅が徐々に減り、いずれは赤字へと転落してしまう状態です。

はじめのうちは黒字幅の減少にそれほど関心を持たなくても、やがて損益が均衡してきて、最終的には赤字へと転落してしまう。きちんと数字で把握している経営者であれば、変化に対して敏感に反応できるものの、そうでない方はなかなか気づくことができません。

経営が悪化していることに気づけないのであれば、資金が不足していることも、あるいは資金不足への対応も遅れてしまう可能性があります。黒字倒産に至る事案というのも、いきなりそのような危機的状況に陥ってしまうのではなく、悪化は徐々に進行しているものなのです。

会社のお金がどのくらい残っているのかはもちろん、売上や利益、コストのバランスをきちんと把握しておき、中長期的な視点を持って投資計画を立案すること。日々の推移と変化をチェックしつつ、将来を踏まえた投資を堅実に行わない限り、資金不足はいつでも起こり得ると言えます。

倒産しそうな企業というのは、会社全体の雰囲気にも表れてきます。設備なども必要以上に古びていて、更新時期を過ぎてしまっているという工場も散見されます。外部からはそれらの特徴が明らかであっても、社内からはなかなか見えにくいという事情も、危機的状況に対処できない理由かもしれません。

3 会社は始めるより、続けるほうが難しい

やみくもに売上をあげても続かない

昔ながらの創業社長の場合、持ち前の営業力によって会社を成長させてきたという方が少なくありません。たしかに、営業力というのは会社を成長させる原動力となりますし、自社の商品やサービスを販売することが、売上を増大させるのは間違いありません。

ただ、営業力によって成長した会社は、どうしても売上に意識を向けてしまいます。

「売上を伸ばして成長してきたのだから、もっともっと営業をして、そのうえで会社をさらに発展させていこう」。そのような発想になるのも無理はありません。

もちろん、それで会社を成長させていけるうちは問題ありません。営業力を武器に、会社をどんどん成長させ、売上を伸ばし、規模を拡大していくことは企業の発展に貢献します。しかし、その後はどうなるでしょうか。とくに、１００年企業を見据えている場合です。

創業社長のトップ営業によって伸びてきた会社というのは、創業社長が現役でいるうちは成長を続けていくものの、その後については未知数となります。後継者も同じように営業力があればいいのですが、必ずしも適任者が見つかるとは限りません。

本来であれば、どこかのタイミングにおいて、営業力による売上重視というスタンスから少しずつ変化し、利益体質の企業を目指したり、あるいは会社全体でより収益力のある事業を創造したりなど、何らかの方策を講じていく必要があるはずです。

たしかに、売上が伸びているうちは、会社が抱えている将来的な問題・課題には目がいかないものです。ただしそのままでは、将来的な展望がなかなか見えてこないだけでなく、売上だけが伸びて実は儲かっていないということにもなりかねません。

新しいビジネスを模索する企業も

将来的な企業の発展を考えるのであれば、売上にフォーカスするのではなく、きちんと利益が出て、なおかつお金が残っていく仕組みを構築する必要があります。つまり、利益が残らない売上にこだわるのではなく、キャッシュフローを重視し、利益の残る売上へとシフトしていくのです。

そのためには、業態の変化を迫られる場合もあるでしょう。たとえば不動産業を営んでいる企業であれば、これまでは建売・分譲をメイン事業として据えていたところから、リフォームやリノベーションへとシフトしていくなどの工夫です。

土地を仕入れて建物を建て、その建物を販売するというのは、たしかに大きな売上につながります。高い営業力によって安定的に販売することができれば、増収増益を実現することも可能でしょう。ただ、短期的にはよくても、長期的にはどうでしょうか。

とくに日本は、世界でも類を見ない速度で少子高齢化が進展しています。そのため、日本の総人口は減少を続けています。総務省が発表したところによると、２０５０年には１億人を割って９５１５万人になるとも言われています。そうなると、物件の販売も鈍化することが予想されます。

そのような状況において、かつての成功体験をもとに、従来型の営業活動を続けていれば未来はありません。やはり、人口動態や社会情勢を踏まえつつ、適切に対処することが求められます。場合によっては、新しいビジネスを模索することも必要なのです。

時代の変化に即して、適宜適切にそのような工夫をしていくことが、利益体質へと変わるきっかけにもなり得ます。幅広い視点で柔軟に対応していくことができれば、強力な営業力を活かしてさらに成長することもできるはずです。

業態の転換を迫られる企業たち

企業が変化をするというのは、新陳代謝という点からも重要です。構造を上手に変え、これまでにはなかった新機軸を積極的に取り入れていく。そのような姿勢から新しいビジネスが生まれ、場合によっては社会にインパクトを与えるイノベーションにつながります。

戦後から近代にかけて、私たちの移動を支えてくれたガソリン車についても、現代ではＥＶ（Electric Vehicle：電気自動車）へのシフトが加速しています。社会の要請も踏まえて、自動車業界もまた変わろうとしているのです。まさに変化への対応です。

電気で動くクルマが増えるとどうなるのでしょうか。これまでのいわゆる「自動車」という概念が変わり、カテゴリーそのものが「電化製品」として認識されるかもしれません。蓄電してモーターで走るクルマは、もはや既存の自動車ではないのです。

電化製品としてのクルマは、既存のガソリン車とは異なる価値をもたらします。ＩｏＴやＡＩ技術の発展とも相性が良く、ＩＴを組み込んだクルマのあり方を模索している向きもありますし、将来的には完全な自動運転を実現できるかもしれません。

事実、アメリカのテスラ自動車などは、自社を自動車メーカーではなく家電メーカーとしてとらえているようにも思えます。すでに確立された自動車産業において、後発ながら頭角を現しているのはまさに、クルマの価値そのものを変えたからではないでしょうか。

クルマだけではありません。時代の変化にともない、あらゆるものが変化していく可能性があります。カメラやＣＤがスマートフォンの機能として手のひらに収まっている現状も、かつては想像できないことでした。そのような変化は今、現実に起きているのです。

4　30年で潰れる会社の共通点とは？

変われない会社は潰れていく

大手企業が時代や社会に応じて変化していくとなると、その下請けを担う中小企業もまた、変化への対応を迫られることになります。とくに中小企業の場合、大手企業が行うビジネス全体の一部しか担っていない場合も多いため、対応が難しくなります。

たとえば製造業であれば、製造に関する全体部分ではなく、一部の部品のみ製作している中小企業もあるでしょう。そのような企業は、大手企業の方針がガラリと変わってしまうことによって、売上や利益が大きな影響を受けるということもあるでしょう。

これまでは安定的に一定数の発注があったものの、発注元の企業が方針を変えてしまったことにより、発注数が激減。あるいは、将来的にゼロへと向かうなどする場合、何らかの手を打たなければ事業を続けていくことはできなくなってしまいます。

そのような事態が迫ってから対応を考えても、事業の再建には間に合わない可能性もあります。だからこそ、そうなる前に何らかの対策を立てておく必要があるのです。そのためには、発注元の企業を注視することはもちろん、時代や社会の変化にも敏感にならなければなりません。

目の前の仕事に集中することはもちろん大事なのですが、それだけではなく、視野を広げて観察してみること。その結果、将来の変化に対して柔軟に対応できるだけでなく、危機的状態に直面する前に対処することも可能となります。

どのようにして新しい風を入れるべきか

日々の仕事に追われていると、なかなか大きな変化、とくに構造的な変化には気づけないものです。だからこそ、一つひとつ現象や物事を丁寧にとらえ、世の中の動きに敏感になっておくことが大切です。場合によっては、社内に新しい風を取り込むことも必要でしょう。

理想的なのは、定期的に新しい風を取り込むことです。自分で自分を変えるのは大変なことですが、新しい人材から刺激を受け、会社そのものを変えていくことは可能です。とくに、経営層が変わることによって、会社が変わることも少なくないのです。

会社が新しく生まれ変わるという意味において、「第二創業」という言葉があります。当初の創業とは異なり、会社そのものはそのままであっても、経営者あるいは経営層を刷新することによって新しく会社が生まれ変わる。それが第二創業です。

ビジネスモデルの寿命である30年ごとに経営者が変わっていけば、定期的に、第二創業を迎えられることになります。その都度、社会の変化に対応したり、あるいは新しいニーズを取り込んだりなど、会社全体としての新機軸を打ち出すこともできるでしょう。

そのようにして、安定的に新しい風を取り入れていけば、会社が古びることもなくなります。変われないまま衰退していくのではなく、積極的に進化することもできるはずです。そうなれば、いつの時代でも１００年企業を実現することが可能となります。

構造転換のカギは「事業承継」にある

新しい風というのは、つねに新しい人材がもたらすものです。事業承継という観点で言えば、後継者であったり、あるいは子であったりするわけですが、そういった人々がもたらす風によって、傾いていた会社が再び元気になるという事例もたくさんあります。

とくに大切なのは、「変化しなければならない」「変革をしてみよう」という気運が高まることです。いくら経営者が会社を変えようと思っても、働いている現場のほうが変わろうと思えなければ、実質的に会社が変わることは難しいでしょう。

そうではなく、会社全体を巻き込んで変わろうと努力していくことが大切です。そのためには、「変わらなければならない」という雰囲気を醸成することが欠かせません。その結果、日々の行動にも変化が生じることになります。

本来的な意味における第二創業とは、一部が変わるのではなく、全体が変わることにあります。とくに経営者が変わることによって、会社全体としても変わっていけることが理想です。そのような変革が定期的にある企業というのは、柔軟性があり、かつ新陳代謝が活発になります。

働く人が定期的に若返り、つねにフレッシュな雰囲気に包まれている企業というのは、それだけで活力をもたらします。組織全体の老化を未然に防ぎ、変化に対して前向きな姿勢を取り続けることこそ、事業承継が果たすべき本来の役割ではないでしょうか。

5 形だけ取り繕った事業承継の末路

事業承継は現社長の仕事

現在の経営者から次の経営者へとバトンタッチすることが事業承継なのであれば、まずはじめに動き出すべきは、現経営者であると言えます。

そのためには、現経営者が後継者を含む新しい人に、あるいはそのような人の考え方に寄っていく必要があります。これまでのやり方に固執するのではなく、積極的に会社を変えていくために、自ら世代交代のための行動を起こしていくということです。

もちろん、世代交代を進めるには、相応の決意が必要です。自分が創業した会社であればなおさら決断しにくいことでしょう。ただ、会社をより長く続けていくことを考えるのであれば、いずれは決めなければならないことなのです。

事業承継をやらなければならない時期が訪れてから、バタバタと準備を始めても、感情的なもつれや不十分な意思疎通が障害となり、うまくいかないケースが少なくありません。そうなる前に、少しずつ準備を重ねていき、適切な事業承継を実現させるのが理想です。

だからこそ、自分から行動し、できるだけ次の世代に寄っていくことが求められます。そのうえで、誰がその会社を経営してもやるべきことが明確であり、進むべき方向性も明らかであるようにしておけば、会社が根本から違ったものになるリスクも少なくなります。

会社としてのアイデンティティを承継していく

創業社長の特性が色濃く反映されている企業ほど、事業承継に苦労する可能性があります。なぜなら、社長の考えを理解できる人が少なく、社内で共有できていない恐れがあるためです。それでは、事業承継をする度に、会社の理念そのものが変わってしまいます。

会社の理念が変わってしまうと、社員はもちろんのこと、顧客にも影響を与えます。そうなると、それまでに蓄積されたイメージやブランドなど、いわゆる企業の「無形資産」を次の世代が活かせません。

すでに述べているように、事業承継における本来の目的は価値の伝達であり、次の世代がさらにその企業の価値を高めていくことにあります。それは過去の否定ではなく、過去を受け入れたうえで新しいものを取り入れるという、積極的で建設的な伝承です。

その根底にあるのは、個人の考えではなく、会社としての理念であり、「何を実現するためにこの会社は存在しているのか」という社会的な意義でもあります。そこが事業承継のたびにブレてしまうと、会社はまったく別のものになってしまいます。

変化に対応することと、根本から変わってしまうこととは、似て非なるものです。企業に変化は必要ですが、理念を変えてしまっては、その企業のアイデンティティを揺るがすことになりかねません。そうなると、これまでの蓄積が十分に活かされないのです。

理念も含めて事業承継を達成する

社長が交代するだけという、形だけの事業承継が危険な理由はそこにあります。事業承継をきちんと成功させるには、前社長が遺した会社の強みや魅力を、次期社長がしっかりと引き継いだうえで、さらに会社を発展させられる状態にするのが理想的です。

たとえば、同じ自動車を販売している企業であっても、それぞれに顧客や社会に対して提供したい価値は異なるはずです。その価値の違いが個性を生み、ブランドを生み、ファンを獲得することにつながります。社長が代わっても、その部分は引き継いでいくべきです。

技術が変わり、自動車のあり方が変わっても、「最良の移動手段として選ばれ続けるものを提供していく」という理念があれば、やるべきことは明確です。社長が交代し、その価値をきちんと伝承していければ、新しい風がもたらすものも軸の通った正しい施策へと結びつくことでしょう。

あらゆる業種・業態において、理念の継承も含めた事業承継が行われることは大切です。理念が受け継がれるからこそ、次の世代もブレることなく新しい挑戦ができるはずです。そのためにも、形だけの交代ではなく、本来の意味での事業承継を意識したいものです。

事例にみる事業承継のポイント①

不動産の建売分譲を行うA社の事業承継

材木の製材卸として創業し、その後は不動産建売分譲業へと事業を展開したA社が法人化したのは1970年のこと。人口10万人ほどのベッドタウンという特徴を活かし、建売分譲だけでなく、賃貸業・仲介業なども手がけることで、業績を順調に伸ばしていきました。

しかし近年では、世帯数の減少により売上が鈍化。前年度の業績をどうにか維持するのがやっとという状況でした。そんな折、創業から40年超を経過しているということもあり、後継者である長男に対し、事業承継を検討することになりました。

長男がA社に入社したのは、30代前半の頃でした。現場での実務経験を重ねつつ、事業承継をする10年ほど前から常務取締役を務めています。実地での修行時代を経て、次の世代を担うための準備を着々と進めてきたことになります。

ただし、社長（父親）との関係性は必ずしも良好ではなかったとのこと。現場での修行時代から常務取締役へと進む際にも、社長からは反対されていたような気がしてならないと感じていたそうです。このように、感情のもつれが事業承継に影響を与えるケースは少なくありません。

ちなみに、A社のケースでは社長の奥さんが専務取締役を務めていました。社員が十数人いるものの、このような家族経営のスタイルをとる中小企業は少なくありません。後継者候補も長男であることから、親子・家族という関係性を持ち込むことなく事業承継を行えるかがカギとなります。

ポイントは事業のモデルチェンジ

A社における事業承継のポイントは、ビジネスモデルの転換にありました。これまでは建売分譲で成功をおさめることができましたが、人口減少が進む中、土地を仕入れて建物を建て、短期間で販売するというビジネスモデルは厳しくなっています。

建売分譲は、物件が売れなければ事業を伸ばすことはできません。高度成長期や人口が増加している社会情勢であれば、その強みを活かせるものの、少子高齢化が進んでいる現代では成長率が鈍化してしまうのも無理はありません。

とくに地方都市の場合、人口の減少が顕著となっています。世帯数が減り続ける中において、建売分譲という主力事業からの転換を図らなければ、A社の業績も低迷していく可能性がありました。そのようなタイミングでの事業承継となります。

後継者である長男は、人口減少という事象をとらえ、建売分譲事業を縮小したいと考えていました。その代わり、販売した物件のリフォームや建て替え需要に対応することを、主力事業にしようと検討していたのです。

このような事業のモデルチェンジ案については、数年にわたって、社長と話し合ってきました。しかしA社は、建売分譲の成功体験から抜け出すことができず、事業承継そのものも具体的に進展しないまま、時間だけが経過していきました。

客観的な分析が双方の納得を生む

その後、後継者である長男は、私たち専門家による「構造転換は会社に体力があるときでなければ不可能」という助言にしたがい、あらためて経営革新のビジョンと計画案を作成します。それを元に、事業の構造改革をするべく、社長との話し合いに臨みます。

当時、長男の年齢は50歳。この段階で社長もようやく納得し、経営革新を前提とした事業承継も前に進むことになりました。その後は、専務（母）の退任と退職金支給、販売用不動産の在庫整理を経て、社長から長男へと株式贈与が行われました。

事業承継後のA社については、経営革新の成果を出し、高い純利益率を記録しています。まさに、自社の現状を冷静に分析し、社会情勢を踏まえたうえで、正しい事業承継が実現できた結果です。時間はかかりましたが、その分、得られたものもあったのです。

現社長としては、過去の成功体験を強く認識していることもあり、既存のモデルを変えていくことに抵抗があるのは無理もありません。ただそこで、後継者が感情を持ち出してしまうと、いつまで経っても納得してもらえない可能性があります。

そうではなく、現状を客観的に分析し、見える形で提案していくことによって、双方が納得できる形で事業承継を実現することができます。お互いがお互いを認め合い、丁寧にそして時間をかけて話し合うことで、事業承継は成功に近づくのです。

第2章

老舗企業だけが持っている成功のノウハウ

1 日本は100年企業の数がダントツの世界一

創業100年企業の存在

日本には、世界でも類を見ないほど「老舗企業」が数多く存在しています。東京商工リサーチの「全国『老舗企業』調査」によると、創業100年以上の企業は、2017年の段階で実に3万3069社にものぼります。そのうち、上場している企業だけでも564社もあるのです。

ちなみに、2012年に行われた同調査より、5628社（20・5％）増加しています。このことから、創業100年以上の老舗企業は今後、さらに増えていくことも予想されます。日本はまさに、〝老舗企業大国〟であると言っても過言ではないでしょう。

老舗企業が多い理由には、さまざまな要因があると考えられます。伝統と革新を重んずる心、信用と信頼を大切にする気持ち、昔ながらの商人気質など、日本人ならではの特性が100年企業を数多く育んでいる土台となっているのかもしれません。

いずれにしても、長い期間にわたって愛され続ける企業というのは、それまでその企業が培ってきた価値を大切にしていることは間違いありません。伝統を大切にしているからこそ、そこに新しい魅力を付加し、時代の変化にも対応できているのではないでしょうか。

10年どころか、わずか数年ほどで消えてしまう企業が多い昨今。1世紀にもわたって繁栄を続ける企業から、私たちが学べることは多いはずです。創業100年以上の企業にある、「長く事業を続けるための秘訣」を探っていきましょう。

長寿企業を生む〝世代交代〟

100年を超えて企業を運営するために、欠かせないものがあります。それは「世代交代」です。現代では「人生100年時代」などと言われていますが、それでも、100年生きられる人は女性で6%ほど、男性では1%ほどとされています。

そのうち、会社経営に費やせる期間というのは限られています。ビジネスモデルの寿命が20~30年ほどであることから、経営者として活躍できる期間も同程度であると言えそうです。つまり、一代では会社を30年ほどしか経営できないのです。

では、100年以上にわたって繁栄している企業は、どのようにして会社を経営しているのでしょうか。答えは簡単です。世代交代によって、社長が代わっているのです。社長が交代すれば、そこから新しく企業経営をスタートすることも可能となります。

たとえビジネスモデルが古びてしまったとしても、社長が交代することによって、社内に新しい風がもたらされます。その結果、時代に応じて会社も変化することができるのです。長寿企業というのは、そのようにして、脈々と歴史を重ねてきました。

背景にある「事業承継」の仕組みとは

会社の将来を考え、１００年を超える長寿企業を実現しようとしている企業には、事業承継の仕組みがきちんと整っているものです。代々にわたり、事業承継が滞りなく行われているからこそ、長い年月を経ても変わらず繁栄できていると考えられます。

また、そのような企業の経営者は、事業承継という観点から、引き際というものをつねに考えているものです。加えて、後継者の方にしてみても、事業承継のタイミングを見越して自らを高め、着々と準備を進めています。だからこそ、事業承継がうまくいくのです。

あらかじめゴールが見えていれば、それまでの間にやるべきことについて、計画を立てることができます。その計画が「見える化」できており、かつ共有できているのなら、計画外の不測の事態にも対処できることでしょう。それにより、事業承継がスムーズに進みます。

企業経営が、ビジョンや理念に基づいた会社のあるべき姿に向けて、計画を立てて突き進んでいくように、事業承継もまた、引き継ぎのタイミングを見越した価値の伝達を踏まえて、計画的に進めていくことが肝要です。それがイメージを確かなものとします。

少なくとも、「あと何年後には事業承継をする」と決めておき、あるいは周囲にも宣言しておけば、現経営者はもちろん、後継者や社員にとっても具体的な行動に移しやすいでしょう。それこそまさに、事業承継を成功させるためのポイントとなります。

2 300年以上続く長寿企業の繁栄の秘訣

事業承継がうまい企業は長寿企業

事業承継がうまい企業は、自ずと長寿企業になる可能性が高まります。一代で会社を30年ほど運営した場合であれば、二代目で60年、三代目では90年というように、四代目では100年企業になることが可能となるのです。それだけに、事業承継はとても重要です。

とくに、100年ではなく、200年や300年、あるいは500年以上もその会社を存続させていきたいと考えている企業の場合、事業承継を仕組み化し、各世代が滞りなく事業承継を行えるようにしておく必要があります。

その際、明らかにしておくべき情報はたくさんあります。事業承継のタイミングについてはもちろん、会社の状態や経営課題、売上、財務状況、ビジョンやミッションなど、あらゆる情報を開示しておかなければ、スムーズな事業承継は難しくなるでしょう。

なぜなら、事業承継はあくまでも価値の伝達だからです。価値を伝達するためには、その会社のことを知らなければなりません。いくら後継者が社内に入っていたとしても、社長でしか知り得ない情報もあるはずです。そのような情報を、あらかじめ可視化しておかなければなりません。

あるいは、後継者育成のあり方についても、共有しておくことが求められます。いつ任されるのかわからず、かつ日々の仕事に従事しているだけでは、最適な後継者が育つとは限りません。やはり、早い段階から方針を決め、適切なプランに基づいた育成が大切です。

合理的な判断が求められる事業承継

事業承継に失敗してしまうケースの多くは、事業承継に感情が含まれてしまうことにあります。親子間でのやりとりであれば、「まだあいつには任せられない」「この会社を継ぎたくない」などと、親子としての関係性が状況を複雑にしているケースも少なくありません。

ただ、会社経営を感情論で行ってもうまくいかないように、事業承継もまた、感情的になってしまえば冷静な判断ができません。それによって、社内にまで悪影響を及ぼしてしまうようであれば本末転倒です。場合によっては、会社が傾く原因になるかもしれません。

そうではなく、できるだけ冷静に、論理的な判断による合理的な意思決定をしていくことが大切です。事業承継は会社のためであり、そこで働く社員や取引先をはじめとする関係者のためでもあるのです。

親子間でのごたごたによって、経営が悪化してしまうケースは枚挙にいとまがありません。それが結果的に、事業承継そのものの失敗へと至りやすいためです。本当に会社のことを考えるのであれば、あらかじめ仕組み化し、合理的な判断ができるようにしておくべきです。

承継時期を逆算して考えておく

現経営者が本当にやるべきなのは、会社を後世に残すために、自分の代ではできるだけ会社を発展させ、それまでに蓄積された価値を次の世代へとスムーズに移行することです。そのための方策が事業承継であり、経営者の引き継ぎです。

「5年後には会社を譲る」「10年後には事業承継を考えている」。このように、あらかじめ時期を明確にして後継者候補に伝えておけば、次世代のリーダーとともに、会社について議論することもできるでしょう。それがコミュニケーションのきっかけにもなります。

現段階で後継者がいないのであれば、いつ事業承継をするにしても、早いうちから目星をつけておく必要があります。事業承継の時期から逆算して考えてみると、それほど残されている時間は多くないはずです。いつでも柔軟に対応できるよう、早めの準備が肝要です。

日々の業務に追われて、時間が取れないと考えている経営者も少なくないことでしょう。ただ、どんな会社のどんな経営者であっても、いずれは事業承継をしなければなりません。それは、「会社を存続させない」という判断も含めて、考えておくべきことなのです。

たとえ自分の代で会社をたたむと考えていても、具体的にどのような形で終わるのかを検討しておかなければ、結果的に周囲にも迷惑をかけることになります。それも含めて事業承継です。あらゆる可能性を想定し、次世代に価値を受け継ぐための施策なのですから。

3 １００年企業をつくるための、たったひとつの条件

親子三代で１００年企業はつくれる

一代で30年と計算した場合、早ければ親子三代で１００年企業がつくれる。そう考えると、自社を１００年企業にするのは、それほど難しいことではないと思えるのではないでしょうか。もちろん、必ずしも自分の代で30年続ける必要はありません。

たとえ一代が20年であったとしても、五代目で１００年です。事業承継さえしっかりとできていれば、自社を１００年企業とすることも可能なのです。その点、事業承継がいかに長寿企業を生むために欠かせないものなのかがわかります。

たしかに、ひとりの社長が会社を50年も切り盛りするのは大変です。ビジネスモデルは30年ほどで古びてしまいますし、とくに近代ではそのスパンが短くなっています。ビジネスモデルが通用しなくなる度に、会社を変えていかなければなりません。

その中において、好況のときもあれば不況のときもあるでしょう。景気は循環します。どんなに長く続く好景気であっても、いずれは反転するはずです。そのときに、会社を維持していくのには、大変な労力が必要となります。

まずは考えてみることから

そうは言っても、ゼロベースで事業承継の仕組みをつくるのは大変です。それこそ、やるべきことはたくさんありますし、事前準備にも時間をかける必要があります。会社経営のかたわら、事業承継の仕組みをつくるのは至難の業でしょう。

もちろん、いきなり事業承継の仕組みをつくる必要はありません。まずは、事業承継というものについて、考えてみるだけでもいいのです。考えることによって、「時期はいつ頃になるだろうか」「後継者候補は誰になるだろうか」と必要事項が浮かび上がります。

そのうえで、できることから着手していくこと。会社として初めて事業承継をするのであれば、手探りになるのは無理もありません。ただ、最初のうちはそれでいいのです。頭の片隅ででも考え始めることによって、物事は少しずつ動き出します。

時期が明確になったり、あるいは後継者候補が決まったりすれば、次にやるべきことが見えてきます。必要な計画を立てたり、あるいは情報を収集したりするなど、できることから着手していきましょう。その過程において、課題も浮き彫りとなります。

最も避けるべきなのは、いつまで経っても着手しないことです。大変だからと考えることから逃げてしまえば、事業承継を成功させることはできません。

後継者の筆頭はわが子

後継者について考えてみると、まず思い浮かぶのは息子さんや娘さんでしょう。会社は〝資産〟としてもとらえられるため、相続のような感覚で息子や娘に事業を譲りたいと考えている人も多いはずです。

とくに、家族経営の会社であればなおさらです。思い返せば、そのつもりで子育てをしてきたという人も多いのではないでしょうか。

自らの子どもを後継者にする場合、気をつけなければならないのは、家族間のやりとりと「経営者―後継者」としてのやりとりの違いです。家族であるときは気兼ねなく接していても、「経営者―後継者」として接する際には冷静な対応が求められます。

とくに自らの子というのは、いつまでも幼く見えてしまうものです。本当は自分が思いもよらないほど成長しているのにもかかわらず、大人になっても子ども扱いしてしまうのは親の性なのかもしれません。ただ、それでは責任のある仕事を任せられません。

子どもを後継者候補としてみるなら、できるだけ客観的な視点に基づき、冷静に判断しながら育成していく必要があります。その過程において、経営者として適任でないと判断したのなら、候補から外すという非情さも求められます。

コミュニケーションのあり方についても、親子間のものとは大きく異なります。社員への影響も考えつつ、本人のためにも、経営者対〝いち後継者候補〟として接することができるかどうかが問われます。そのような、一歩距離をおいた視点が欠かせません。

4 会社の事業承継力がわかるチェックリスト

自社がどのくらい事業承継に向いているかをチェックするために、「会社の事業承継力がわかるチェックリスト」を用意しました（表1）。こちらに羅列されている項目を各1点とし、自社の〝事業承継度〟を採点してみてください。

表１　事業承継度　チェックリスト

基本	✓
①事業承継について考えたことがある。	
②事業承継について誰かに相談したことがある。	
社内の仕組み	✓
③社内に事業承継のプランがある。	
④事業承継に必要な情報を見える化している。	
⑤事業承継に必要な情報を社内で共有している。	
後継者	✓
⑥後継者候補の選定を進めている（あるいは決まっている）。	
⑦後継者とのコミュニケーションは良好である。	
⑧後継者育成の仕組みが社内にある。	
経験値	✓
⑨過去、すでに事業承継をしたことがある。	
⑩過去の事業承継が、仕組みとして確立している。	

10点：事業承継の準備は万端です。

7～9点：事業承継への理解は十分です。
着々と準備を進めていきましょう。

4～6点：まずは事業承継への理解を深めましょう。
行動するのはそれからです。

1～3点：事業承継について、基本から学んでいきましょう。

5 一にも二にも、親子間のコミュニケーションが大事

基本としての親子間コミュニケーション

高い業績を誇る有名企業が、親子間の不和によって傾いてしまうのは、とても残念なことです。加えて、働いている社員はもちろんのこと、取引先やお客様、その他のステークホルダーに対して大きな迷惑をかけることにもなりかねません。

よくあるのは、現経営者のやり方を無理やり後継者にも押し付けようとするものです。たしかに現経営者としては、過去の成功体験が色濃く残っており、それを踏襲させたいと思うのも当然でしょう。ただそれでは、時代の変化に対応できません。

また、価値観を押し付けるような対話は、後継者のパーソナリティをも無視することになりかねません。いくら自分の子どもであったとしても、それぞれに個性があり、独自の考えがあるはずです。それを尊重しなければ、コミュニケーションは成り立ちません。

対話の回数や時間はもちろん、その中身についてもしっかりと考えてみること。とくに親子だからこそ、気を使ってコミュニケートする必要があります。それもまた、事業承継

の一環です。承継に必要不可欠な行動として、とらえておくことが大切です。

事あるごとにきちんと話をする

きちんとしたコミュニケーションは、意識しなければなかなかできません。とくに日本のように「阿吽の呼吸」が重視されてきた社会においては、つい「言わなくてもわかるだろう」と考えてしまうものです。しかし、それでは密な対話ができません。

対話がない状態では、お互いをお互いの視点でしか見ることができなくなってしまいます。そうなると、いざ話をしようとしてもポジショントークに終始してしまったり、あるいは自分に都合の悪いことからは逃げてしまったりなど、議論が成立しません。

現経営者としては「10年後ぐらいに事業承継させるつもりで仕事を任せてきた」と主張するかもしれませんし、後継者としては「いつまで経っても事業承継の話がなかったから、タイミングがわからなかった」となるかもしれません。それこそまさに、コミュニケーション不和の典型例でしょう。

どんなに仲が良い親子であっても、こと経営のことまで双方が理解しているとは限りません。とくに、現経営者には理解できることでも、後継者にはわからないことはたくさんあるはずです。テクニカルなことはもちろん、精神的なことも含めてです。

そのような情報については、できるだけ見えるようにしておき、事あるごとにきちんと話をしておくことが肝要です。きちんと時間を設けて、開示できる情報を開示するだけでもいいのです。経営者としての意識は、そのような過程で芽生えてくるものです。

コミュニケーションは現経営者の役目

アプローチをする側として、コミュニケーションの主体は現経営者であると言っていいでしょう。もっと言えば、親子間で経営について話をすることは、現経営者の役目です。親の方からアプローチしなければ、子としては何もできません。

その際、「なんでもいいから聞いてくれ」という態度は、いかにも寛容なように思えますが、その実、子どもからすれば困ってしまうでしょう。なぜなら子どもは、それこそ「何も知らない」からです。社会経験が乏しい段階ではなおさらでしょう。

何を、どのくらい、どのような順序で伝えていくのかは、現経営者が考えておかなければなりません。もちろん、話をする度に考えるのは大変です。そのため、あらかじめ事業承継のプランに組み込んでおけば無駄がないでしょう。

コミュニケーションの基本として、論理的な説明とともに、事業に対するパッションも含めて語るとより効果的です。人は情報を論理で解釈し、感情で深く理解（腹落ち）するものです。情報だけではなく、情熱もまた伝えてあげることが大切です。

親子で情熱的な会話をするのは恥ずかしいと思われるかもしれませんが、それもまた会社のためです。事業承継を成功させるためには、コミュニケーションが絶対的に不可欠だと認識し、そのあり方についても検討してみてください。

6 会社の寿命をあと30年延ばす、とっておきの事業承継とは？

対話は少しでも早いほうがいい

対話の時期については、できるだけ早いほうがいいでしょう。たとえば、普段はどのように仕事をしているのかや、社長としての役割、あるいは社員とともに事業を進めていくことの大切さなどを、日常的に話し合っておくのです。

そのように早い段階で準備を進めておくと、後継者が事業承継に対して準備しやすくなります。最適なタイミングについては個々の状況によって異なりますが、別の会社で仕事をしている場合などはとくに、あらかじめ準備しておくことが求められます。

いずれにしても、相互理解には時間がかかります。焦って物事を伝えようとしても、不十分なままとなってしまう可能性があります。そういう意味で、対話を始めるのは早ければ早いほうがいいはずです。

早い段階から対話をしていれば、それだけ事業承継の時期も早まる可能性があります。事業承継の時期が早まるということは、その分、会社が若返る時期も早くなります。新陳代謝がよくなれば、会社はつねにフレッシュな状態を保てるのです。

とくに採用という点から考えると、若返りの速度を早めることは重要です。高校や大学を卒業して入社する若い社員というのは、やはり、将来を担う社長のもとで働きたいと考えるものです。少なくともその道筋が見えていたほうが、選ばれる可能性も高くなります。すでに後継者がおり、現経営者と後継者がしっかりとコミュニケーションできていれば、その情報が社内でも共有されます。さらに事業承継の見通しが立っているのであれば、それだけ会社としての安心感にもつながります。

もちろん、事業承継について考え始めてから、あらためて対話を始めても遅くはありません。少なくとも、まったくコミュニケーションをとらないまま、なし崩し的に事業承継をするよりははるかに良い結果が得られるはずです。

今すぐ後継者候補を探すこと

後継者が不在の会社は、自主的に廃業するケースも少なくありません。事実、日本政策金融公庫総合研究所が2016年に行った「中小企業の事業承継に関するインターネット調査」によると、60歳以上の経営者のうち50％超が廃業を予定しているとされています。

その理由としては、「子どもに継ぐ意思がない」「子どもがいない」「適当な後継者が見つからない」という後継者の問題が全体の約3割を占めているのです。やはり、どんな企業であっても、後継者がいなければ会社を存続させるのは難しいのです。

経済産業省によると、2017年の段階において、後継者が未定の企業は実に127万社にものぼるとされています。しかも、その多くは中小企業です。つまり、後継者の問題、ひいては事業承継の問題というのは、中小企業において喫緊の課題であると言えるでしょう。

だからこそ、現段階で後継者の目星がついていない企業は、すぐにでも後継者候補を探さなければなりません。積極的に会社をたたむというのも選択肢としてはあったとしても、残された社員や関係者のことを考えると、心苦しく感じることも少なくないはずです。

人手不足が深刻化する昨今。高齢の社長というだけで、採用にも影響を及ぼす可能性があります。将来のことを考えて、なるべく長く続くであろう企業に勤めたいと思うのは当然です。会社の若返りをはかるためにも、後継者候補の選定を進めましょう。

事業承継の好循環を

もし、有力な後継者候補が見つからないのであれば、それは自社にとって深刻な人手不足であるとも言えそうです。候補がいないということはつまり、人がいないということ。身内はもちろん、社内においても人が育っていないことにほかなりません。

会社の寿命を延ばす方策として、事業承継が欠かせないことは間違いありません。ただ、事業承継というのは、一度だけすればいいものではありません。とくに自社を１００年企業にしたいのであれば、事業承継もまた継続していく必要があります。

そのように考えると、事業承継はその準備に加え、事業承継そのものも大切ですが、事業承継〝後〟も大事だということです。事業承継をした後に、どのようにして会社を発展させていくのか。次の事業承継までに、それを考えなければなりません。

経営者はもちろん、次の世代にわたって事業を担う全ての人が、継続性のある体制にて会社に携われることがベストです。人手不足はいつ加速するかわかりません。後継者の不在というのは、そのことを如実に表すひとつの指標にもなるのです。

長寿企業を実現するための事業承継において、とっておきの秘訣は〝好循環〟にあります。次の世代はもちろん、その次の世代も、そしてさらにその次の世代も、より望ましい形で事業承継ができること。それこそまさに、事業承継の好循環なのです。

事例にみる事業承継のポイント②

親子で不動産業を営むB社の事業承継

親子で不動産業（売買・賃貸管理）を営むB社は、70歳の父が社長、40歳の長男が副社長を務めていました。

B社では、事業承継のタイミングについて検討していました。社長自身はまだ続けていきたいという意向を持っていたものの、後継者である副社長（長男）に株を移行することを考えており、できることから少しずつ進めていくスタンスです。

加えて、副社長としても、経営に対する社長の方針や方向性をとてもよく理解していました。会社の価値をきちんと理解したうえで、さらに発展させていきたいという思いが強かったのです。そのような思いも含めて、話し合いが行われていました。

そのため、B社のケースでは親子関係も良好です。その背景には、方針や方向性も含めた双方のコミュニケーションが密に行われていたことが挙げられます。事業承継のときであっても、事前にきちんと話し合いをしていれば、仲違いする可能性は少なくなるのです。

また、副社長としては、会社を継いだ後のことも視野に入れて、幅広い活動を展開していました。アンテナを広げつつ、現社長の元で新規事業に着手するなど、事業承継後を見越した行動も起こしています。このような水面下での準備は大切です。

事業承継における株式の問題

B社の場合、事業承継そのものに問題はありません。ポイントは、株式譲渡の時期にあります。社長は事業承継の準備として、少しずつ、株式を移行していったのです。このようにして株式を移行していけば、相続のときにも問題になりにくい傾向があります。

とくにほかの兄弟がいる場合、株式が分散していると、相続時に問題となる可能性があります。そこで、実際に事業を承継する前に、株式についてきちんと整理しておく。そうすれば、あとは実務の部分で引き継ぎをすればいいことになります。

親子関係が良好であっても、株式の問題で揉めてしまえば事業承継は進みません。後継者が身内の場合、そのあたりの問題をうやむやにしてしまいがちですが、あらかじめ準備を進めつつ、方向性を明確に打ち出しておくことが大切です。

もちろん、保有している株式を出してもらうためには、それなりに話し合いを重ねておく必要があるでしょう。B社のケースでは、兄弟姉妹が保有していた株式を、無議決権化すると同時に、従業員持株会を活用するという対応をとっています。その前提として、話し合いがきちんと行われていたはずです。

株式を放置したまま、実態だけの事業承継をしてしまうと、後から問題となる可能性があります。そうなると、後継者も事業に集中することができません。家族みんなで会社を盛り上げていくために、株やお金の問題はクリアにしておく必要があるのです。

将来のことも考えて準備を進めていく

事業承継の本質は価値の伝達にありますが、現場で行われているのは、権利関係も含んだ幅広い話し合いです。それらは短期間で完結できるものではなく、時間をかけてじっくりと行われる性質のものです。だからこそ、早めの着手が欠かせません。

そろそろ事業承継をしようかと思った段階で重い腰を上げても、複雑な事業承継を前に進めていくのは容易ではありません。早急に進めていこうとすればするほど、お互いの納得を得られないまま感情的な対立へと発展してしまう恐れがあります。

そうではなく、経営としての事業承継と権利関係の承継を少しずつ進めていき、お互いの認識違いがないようにしなければなりません。業績のいい会社で、かつ株価が高い場合などはなおさらです。株の問題で揉めてしまえば、事業にも支障が生じてしまいます。

このように事業承継は、短期的なものではなく、中長期的な視点を持って取り組むべき性質のものです。株式の問題だけでなく、何らかの阻害要因があるまま無理に進めてしまってもうまくいきません。だからこそ、対策は早めにする必要があります。

焦って事業承継を進めようとすると、株の承継（贈与・譲渡）についても、自らの権利を剥奪するかのように感じられることもあるでしょう。そうではなく、何のための株式譲渡なのかをお互いが理解し、最適なタイミングと方法によって進めていくことが大切です。

第3章

事業承継の成否が会社の存亡を左右する！

1 継がせたい親と子の間には大きな溝がある

低下する経営者交代率と伸びる経営者の平均年齢

中小企業庁が２０１６年に発表している資料「事業承継ガイドライン」には、現代における、事業承継の問題点が記載されています。その中において、とくに注目しておきたいのは、経営者の高齢化や後継者不在による経営交代率の低下です。

具体的には、昭和50年代において平均約５％であった経営者交代率は、ここ10年ほどで約３・５％に低下（年平均）。さらに２０１１年の段階では、２・46％にまで落ち込んでいます。このことに付随して、経営者の平均年齢は過去最高水準の59歳９カ月を記録しています。

具体的には、１９９５年頃に47歳前後であった経営者年齢の中心は、２０１５年には67歳前後となっています。この調査により、高齢化が進展しているとともに、いかに経営者の交代ができていないかが明らかとなりました（図２）。

近代において、経営者の平均引退年齢が伸びているものの、数年後にはさまざまな企業において事業承継が行われると予想されます。そのような背景をもとに、いかにして事業

図2　経営者の平均年齢と経営者交代率

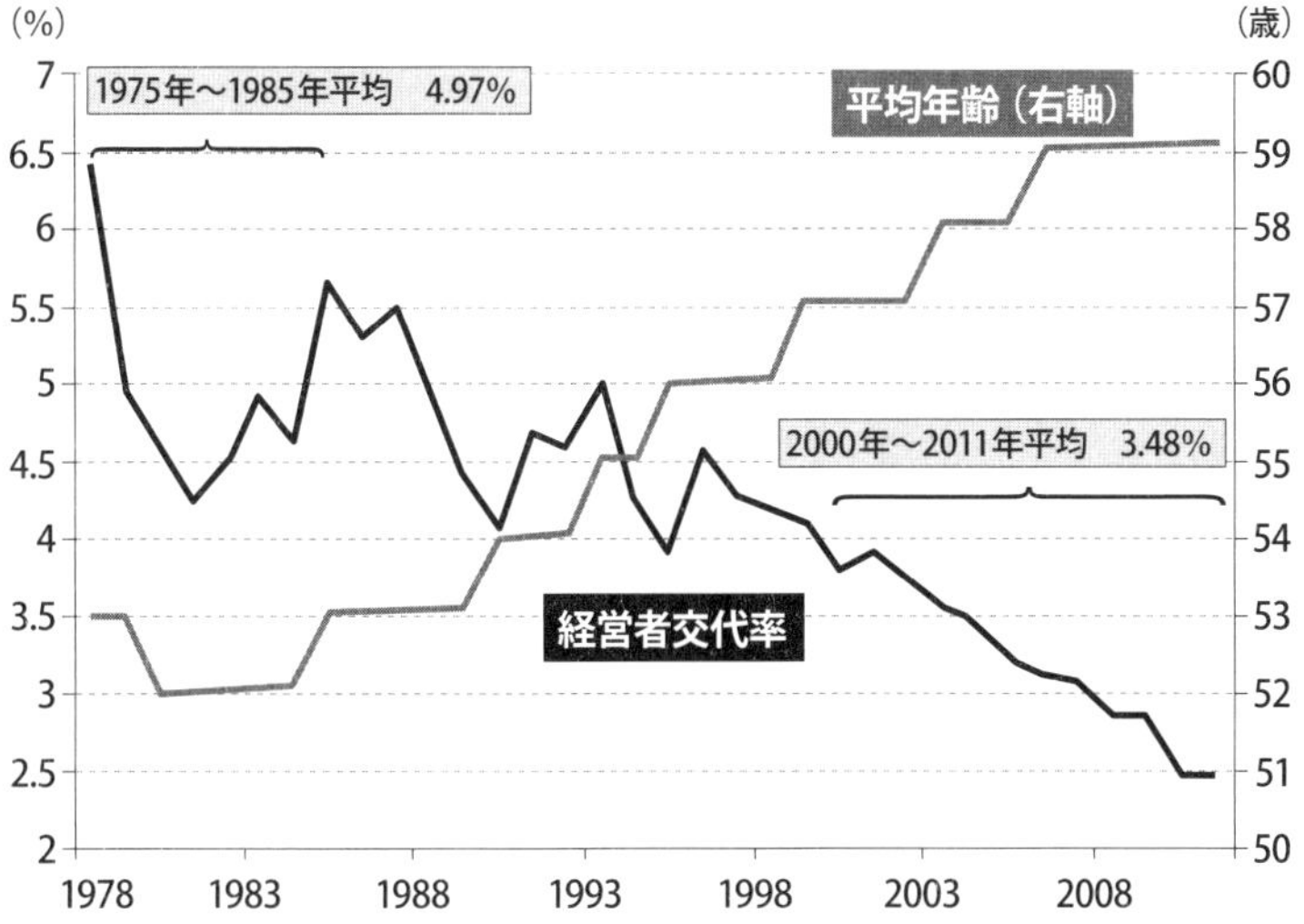

中小企業庁「事業承継ガイドライン」

承継をスムーズに進められるかというのは、日本全体の課題でもあるわけです。

事業を承継したくない子の事情

第2章でも紹介したように、事業承継において、後継者の不在が問題となっています。廃業を予定している企業のうち、「子どもに継ぐ意思がない」「子どもがいない」「適当な後継者が見つからない」といった理由を挙げる経営者は全体の28・6%。およそ3割にのぼります。

では、なぜ後継者が見つからないのでしょうか。その背景には、職業選択の自由を尊重する発想があった

図3－1　廃業を予定する企業の業績状況

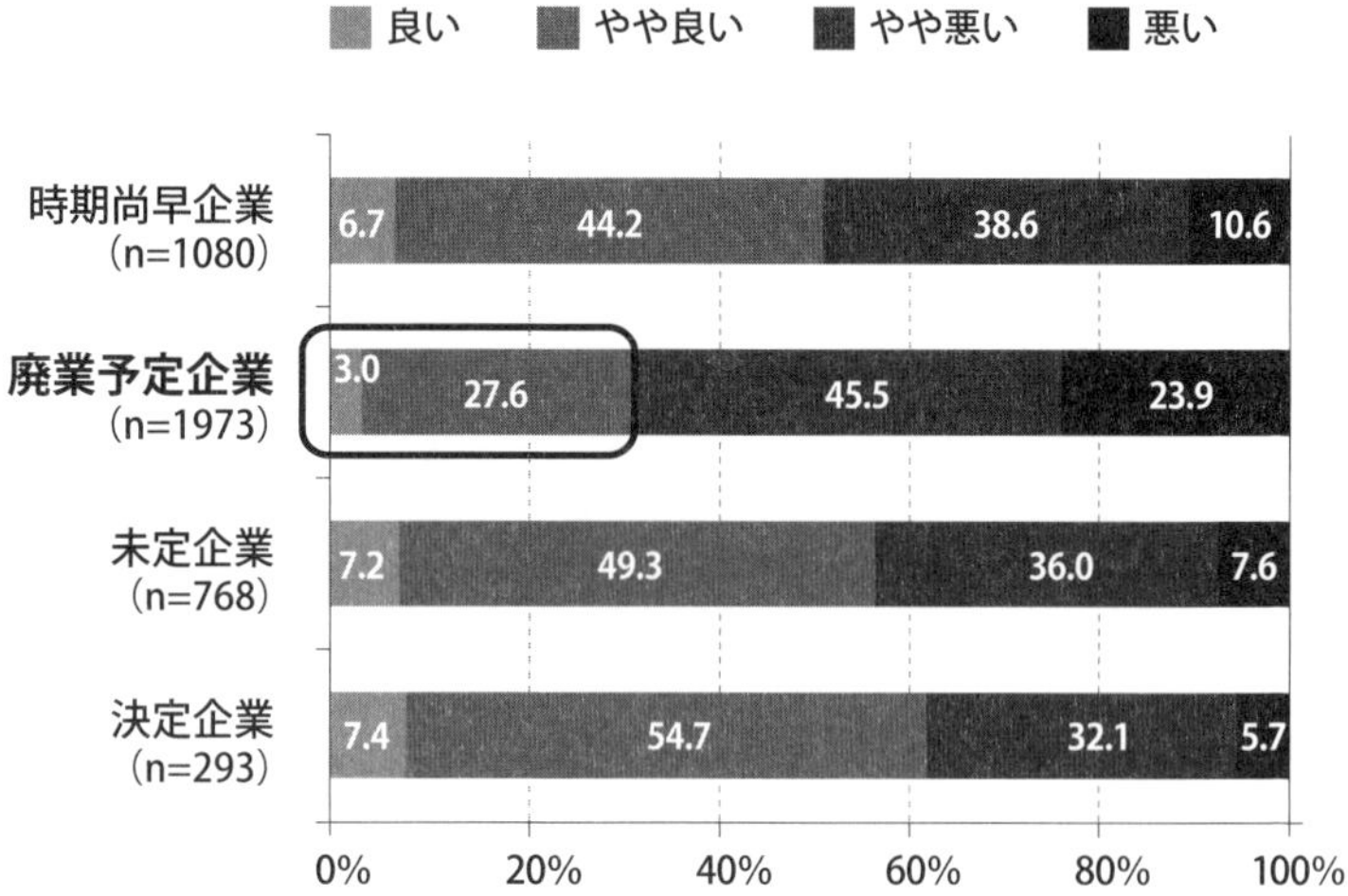

日本政策金融公庫総合研究所「中小企業の事業承継に関するインターネット調査」

り、あるいは自社の将来性が不透明であるため、事業を承継するリスクを過大に評価していたり、などの理由が挙げられます。

ただ、そのような理由があることを前提にしても、問題なのは、「そのような発想がどこから生じているのか」という点にあります。場合によっては、現経営者側のアプローチが足りないために、あるいは不十分であるために、事業の承継を子が拒否しているのかもしれません。

そうだとしたら、問題は社会や会社にあるのではなく、正しい事業承継が行われていないことにあるはずです。正しい情報を提供し、相互にしっかり

図3－2　廃業を予定する企業の今後10年間の事業の将来性

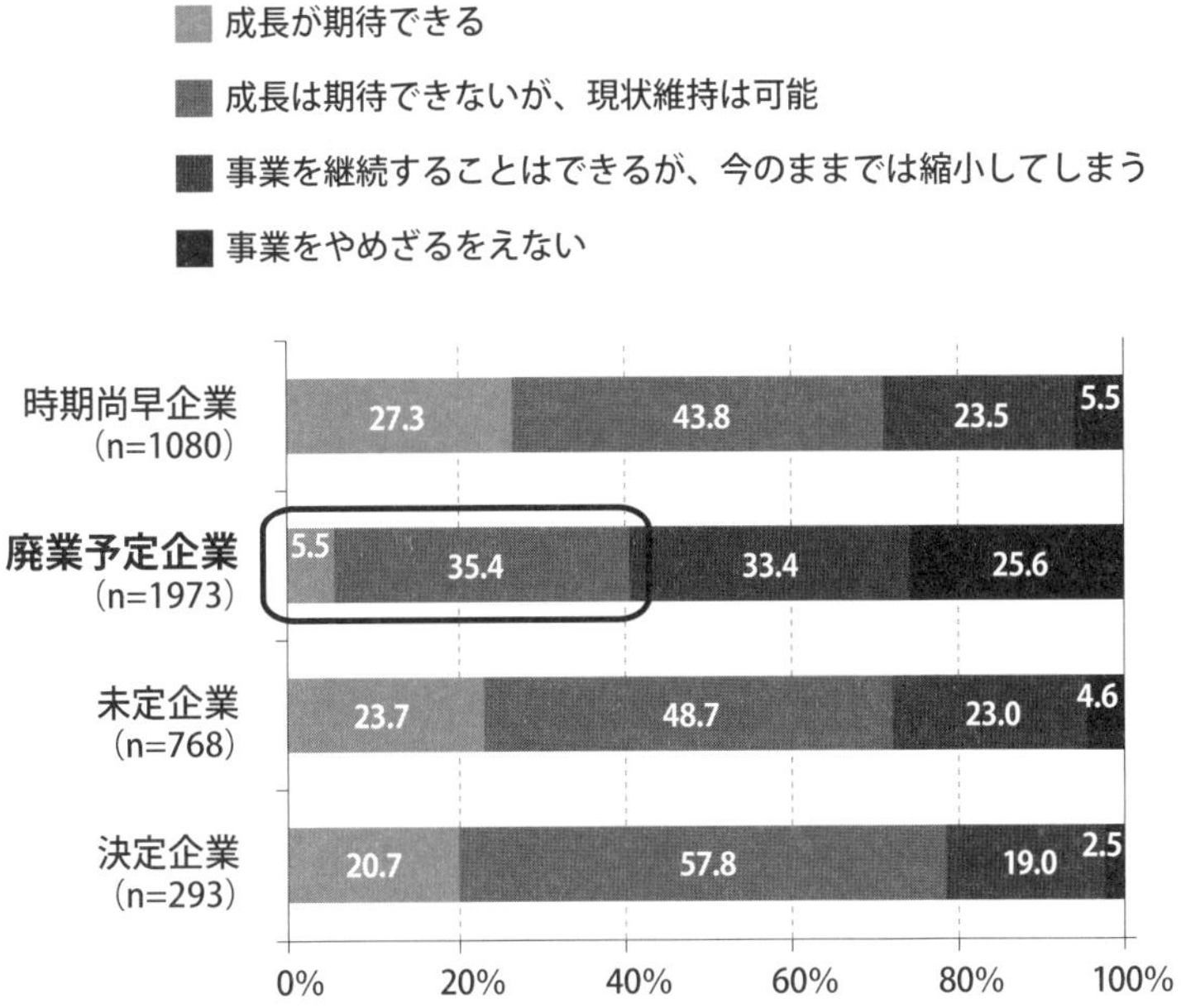

日本政策金融公庫総合研究所「中小企業の事業承継に関するインターネット調査」

とコミュニケーションをとって、計画に則った事業承継をしていれば、事業承継を受け入れる子も増えるかもしれません。

事実、日本政策金融公庫総合研究所が2016年に行った「中小企業の事業承継に関するインターネット調査」には、廃業予定企業であっても約3割が「同業他社よりは少なくとも良い業績を上げている」と回答し（図3－1）、今後10年間の将来性についても約4割の経営者が「少なくとも現状維持は可能」と回答しているのです（図3－2）。

後継者がいない企業は廃業する

いずれにしても、後継者がいない企業は事業承継をすることができません。事業承継ができなければ、自主的に廃業をするか、あるいは事業を売却するなどの手立てをしなければなりません。その場合、望まない形となってしまうこともあるでしょう。

経営者にとって、会社というのはわが子にもたとえられることがあります。人生の大半を費やし、可能な限りの労力を傾け、社員とともに成長させてきた会社。その会社が、なくなってしまうのはとても辛いことのはずです。

そして、会社がなくなった後でも、残された社員は別のところで働かなければなりません。そのことを考えても、できることなら、事業を後継者に引き継いでいきたいと考えている経営者は多いのではないでしょうか。そのためには、後継者を見つける必要があります。

とくに、子どもを後継者にしたいと考えている場合において、どうしても説得できないというのであれば、アプローチそのものを変えていく必要があります。事業承継の全体像を踏まえたうえで、どのように伝えるべきなのかを再考するのです。

何らかの魅力があり、社会から必要とされている会社であれば、子どもとしても引き継ぎたい気持ちが芽生える可能性はあります。適切なアプローチを経ていれば、代々にわたり、スムーズな事業承継ができるかもしれません。問題はどこにあるのか。それを探しましょう。

2 子が「会社を継ぎたくない」と言う現実

会社の魅力をきちんと伝えられているか？

ニッセイ基礎研究所の調査によると、自社の事業を子どもが承継したくないと答える理由としては、「親の事業に将来性・魅力がないから」が45・8％と最も高く、次いで「自分には経営していく能力・資質がないから」が36・0％となっています。

ただ一方、「今の収入を維持できないから」については13・9％と低く、収入よりも事業の将来性や事業の魅力、あるいは経営に対する不安が事業を承継したくないと答える理由になっていることがわかります（図4）。このことは何を意味しているのでしょうか。

本来、魅力的な会社であることをきちんと伝えていれば、子どもが親の事業に将来性を

図4　親の事業を承継したくない理由

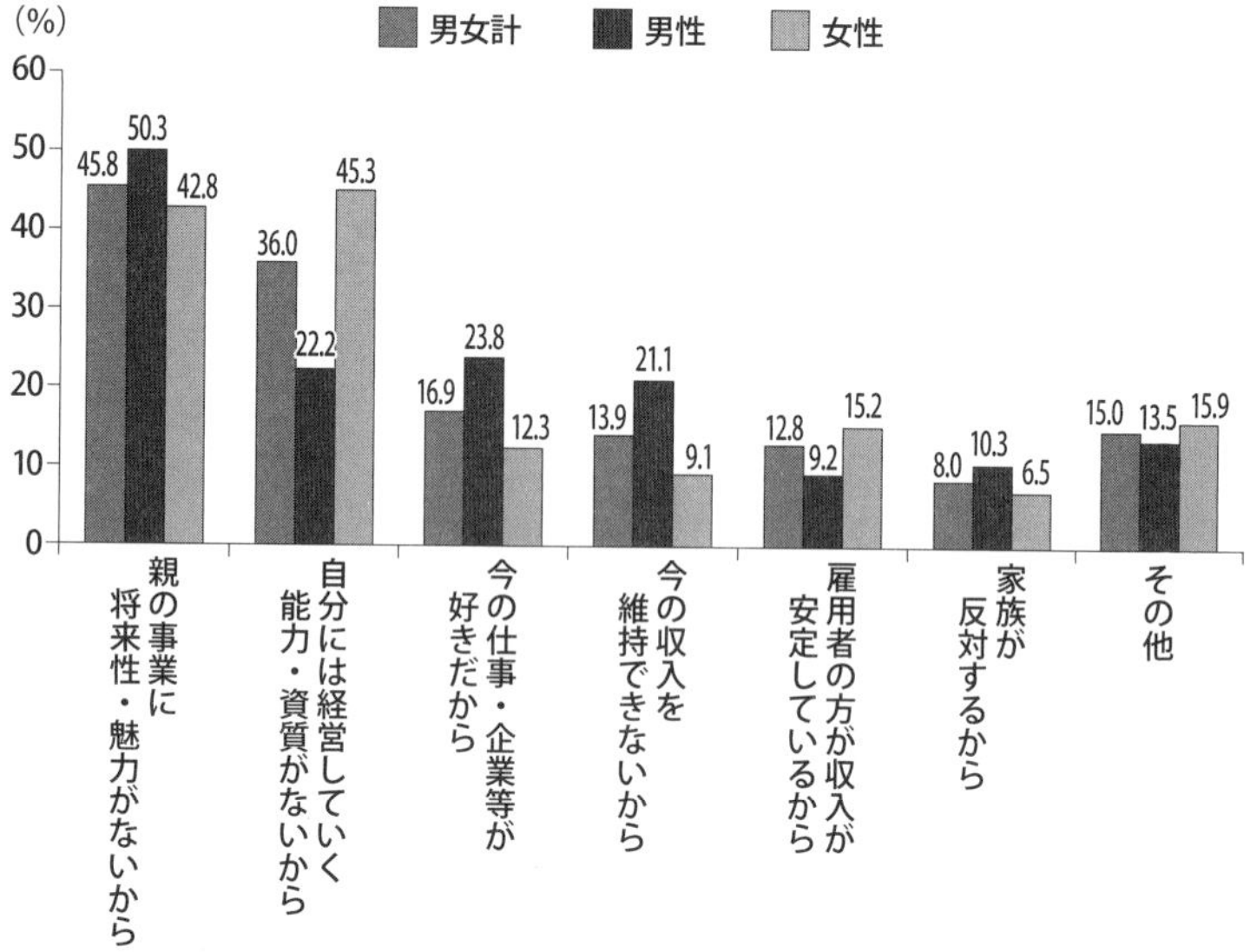

ニッセイ基礎研究所「働く人の就業実態・就業意識に関する調査」

感じない、あるいは魅力がないとは思わないはずです。つまりその背景には、意思の疎通が不十分であること、そしてコミュニケーションの不足が隠されています。

会社の将来性や事業の魅力をきちんと伝えられる情報を集め、適切な方法によって伝えることは、事業承継の基本です。しかし実際には、その〝伝える〟という部分がおろそかにされているために、事業を継ぎたいという気持ちが醸成されていないのです。

いくら親が子どもに会社を継

いでもらいたいと考えていても、子どもがその気にならなければ、事業承継は進みません。また、気持ちがないまま事業承継を行っても、価値の伝達はうまくいかないでしょう。事業承継はまさに、親と子、相互の問題なのですから。

継がせたくなる会社の魅力

そもそも、「事業に将来性がない」「事業に魅力がない」というのは本当でしょうか。また、どのような情報をもとにそのような判断をするに至ったのでしょうか。その背景には、不十分で断片的な判断があるように思えてなりません。

会社の実情をきちんと説明し、数値的な部分と質的な部分、双方の情報を提供すれば、どんな会社でも魅力はあるはずです。また、ビジネスモデルについては変化させていくことを前提とするのであれば、将来性を担うのは後継者であるとわかるはずです。

それにもかかわらず、事業承継する前からマイナスイメージを持ってしまい、それを払拭できないのは、現経営者にとっても、あるいは後継者にとってもいいことではありません。それこそ、社会にとっても機会損失となってしまいます。

本来、会社の将来性や魅力など、そう簡単に理解できるはずもありません。とくに、経営者本人から時間をかけて説明されたうえでの判断ならまだしも、一般常識や見知った情報のみから判断しているならなおさらです。

それでは、製造業を営んでいる実家を見て、「町工場では働きたくない」と言っているようなものでしょう。会社の本質を見ておらず、数字も知らず、どのような可能性があるのかを見極めないまま、結局のところ食わず嫌いをしているのと同じなのです。

コミュニケーション不足が原因に

事実、後継者がいなくて廃業を検討していた企業において、外部の企業がM＆Aをするケースがあります。このようなケースはまさに、その企業が何らかの価値を有しており、魅力的だと思われている証拠です。

とくにM＆Aをする側としては、それなりのリスクを負うことになります。場合によっては巨額の投資が必要となるため、当然です。しかし、そのようなリスクをとってでも買収したいと思う相手がいるのにもかかわらず、子どもがその価値を理解できないのはいかがなものでしょうか。

冷静に、そして客観的に判断すれば、多くの企業は目に見えないポテンシャル、そして蓄積された価値があるはずです。それがわが子に共有されていない理由は、コミュニケーション不足にほかなりません。きちんと伝えていないからこそ、伝わらないのです。

後継者候補がまったく存在していないならまだしも、後継者候補がいるにもかかわらず、会社の将来性や魅力を共有できていないことは、事業承継を妨げる障害となります。まずは、コミュニケーションの重要性を再確認しなければなりません。

日常の中で、少しずつ会社について話すだけでもかまいません。もっとも望ましくないのは、会社について話す機会を持てないまま、時間だけが経過してしまうことです。そうならないように、伝える努力をつねに続けていくことが肝要です。

3 「だまって背中を見せていればいい」という時代は終わった

独立のマインドと承継のマインド

「経営者としての矜持は背中を見せることで伝えればいい」。そのように考えている、昔気質の経営者もいるでしょう。ただ、本当に会社のことを考え、最適な後継者を見つけたいと思っているのなら、背中を見せるだけでは不十分です。

たしかに、経営者として会社を切り盛りされてきた方にとって、どうやってその苦労を伝えればいいのか苦心されることもあるでしょう。ただ、そうした苦労の姿は案外、後継者候補には見えているものです。それは、背中を見ていればわかります。

ただ、中身についてはどうでしょうか。数値的な会社のデータとして、売上や利益の推移、変遷、過去と現在、そして未来にわたっての見通しなど、感覚だけでなく、共有できる形で提示できているでしょうか。それこそまさに、必要な情報です。

そのようなデータが開示されておらず、感覚的にしか判断できない情報のみ提供しているのであれば、会社を継ぎたくないという気持ちになってしまうのも無理はないのかもしれません。それよりも、「自分で独立したほうが、夢がある」と考えてしまう可能性もあります。

事業を承継することと、自分の力で独立するのとは、似て非なるものです。どちらも経営者になるという意味においては同じですが、自らの意思を反映できる度合いはやはり、独立のほうが強いはずです。それでもなお、子どもには事業を承継したいと思ってもらう必要があるのです。

大切なのは「情報の与え方」

また、情報の与え方にも注意が必要です。会社のあるがままの姿をそのまま伝えていても、後継者になるというモチベーションを高めてもらえるとは限りません。本来の姿を伝えることも大切ですが、「なにを」「どのように」「どのくらい」という点には気を使わなければなりません。

日々、忙しそうにしている親の姿を見て、さらに「会社の業績が芳しくない」「最近は景気が悪い」などと嘆いていれば、誰でもその会社を継ぎたいとは思わないはずです。そのようなマイナスの感情はなるべく減らすか、ときには言い方を変えたほうが得策です。

たとえば、「状況が悪化しているからこそ、チャンスを生かすために新しい事業を行う」「景気が悪い今こそ、会社を刷新しなくてはならない」などと、言い方ひとつでニュアンスは変わります。それだけでも、後継者候補の心証は変わるはずです。もちろん、経営者自身にもその言葉どおり「ピンチをチャンスに変える」という強い意志を持って事業を立て直し、事業承継するという決意が表れていなければなりません。

加えて、後継者候補である子の意向についても、さりげなくチェックしておくと効果的です。「将来どのようなことをしたいと考えているのか」や、「会社を引き継ぐことを考えたことはあるか」など、さりげない会話からも意思を探ることができます。

そのうえで、与える情報を変えていくのもいいでしょう。気持ちが前向きであるのなら、より質的な情報から数値的な情報を提示するというのもひとつの方法です。そうでないのなら、会社の魅力を伝えることから始めてみるのです。

相互の納得が得られる意思疎通を

いずれにしても、最終的には親と子の納得が得られなければなりません。どちらかが反対したままでは、事業承継を成功させることはできないでしょう。だからこそ、たとえ意見が合わなくても、少しずつすり合わせをしていく必要があるのです。

子どもにとって、将来の仕事について考えることは、数多くある選択肢の選別となります。とくに現代のように、幅広い選択肢がある時代においては、事業を継ぐことにインセンティブを感じてもらうのは困難なはずです。

ただし、対話の中で会社を継ぐことの意義を感じてもらうのは可能です。「なぜそれをしたいのか」「本当にそれをしたいのか」「自分はなぜ会社を設立したのか」など、双方向のやりとりを経ていけば、いずれは理解してもらえる可能性があります。

それまでは、粘り強く伝えていかなければなりません。少し話してみて、「どうも自分とは考え方が違うようだ」とあきらめてしまえば、後継者候補を見つけることはできないでしょう。押し付けるのではなく、理解してもらう努力は欠かせません。

少なくとも、「子どもが事業を継ぐのは当然だ」といった態度はとらないことです。それが結果的に、頑なな態度へと結びついてしまう恐れがあります。親も子も、それぞれにパーソナリティがあることを理解し、相互の納得を引き出しましょう。

4 後継者が生まれたときからバトンをつなぐことを視野に

未来の後継者はいつ見つかるのか

現社長としては、どのタイミングで後継者を探し始めればいいのでしょうか。もしわが子を後継者にしたいのであれば、子どもが生まれた段階から後継者候補として意識しておくことが大切です。それが事業承継の行動にもつながります。

ただでさえ忙しい経営者にとって、後継者候補を見つけようと考えるタイミングはそうあるものではありません。そして、意識し始めたときには、行動するにしてもすでに遅いという可能性があります。だからこそ、子どもが生まれたタイミングで、考えておくべきなのです。

とくに自らが元気なうちは、後継者どころか、事業承継について考えることは少ないはずです。その結果、事業承継のタイミングが遅くなってしまいます。そのような傾向があるからこそ、できるだけ早いタイミングで、それこそ子どもが誕生したときから検討を始めたほうがいいでしょう。

まだまだ先のことと思われるかもしれませんが、子どもが成長するのはあっという間です。日々の仕事に追われていると、会社や事業についてきちんと伝えられないまま、時間だけが過ぎてしまうということもあり得ます。そうならないために、未来の後継者について考え始めましょう。

経営者としてのビジョンを明確に

いくら事業計画をきちんと立てていても、5年後や10年後、あるいは20年後のことは予想できない部分が多いかと思います。とくに変化に対応するのが経営である以上、自社の状況はもちろん、経済や環境、社会の移り変わりによって未来は変わっていきます。

そのような状況の中で、後継者候補を見つけ、適切な方法によって育てていくのは簡単なことではありません。ただ、子どもが生まれたときに、「この子は将来の後継者候補なんだ」と思うだけなら難しくないでしょう。それが事業承継の第一歩となります。

子どもが成長したとき、それがたとえば30年後を想定するのであれば、残りの30年で現経営者は何をすればいいのでしょうか。必要な情報を集積し、やるべきことを決め、計画を立てて実行していく。どのくらいまで会社を成長させられるのかも想定できるはずです。

そのうえで、将来性のある会社にするために、必要な施策を講じていくこと。加えて、後継者にとって引き継ぎたいと思えるような、魅力ある会社にしておくことも大切です。そう考えると、長いように思える30年も、瞬く間に過ぎてしまうものです。

とくに欠かせないのは、経営者としてのビジョンを明確にしておくことです。ビジョンを決め、理念を掲げ、それらを社内外で共有しながら経営をしていれば、後継者にとっても「自分はどんな経営をするべきなのか」という発想につながりやすいのです。

長期的なスパンで考えること

現役のままバリバリ仕事をしている経営者の場合、60歳になっても70歳になっても、「まだまだ自分がやる」と考えてしまいがちです。高齢になっても経営ができるのは素晴らしいことではありますが、さらに先のことを考えた場合、いつかは承継しなければなりません。

たとえば、つねに「会社の30年後」を思い描いてみてください。50歳のときの30年後、60歳のときの30年後、70歳のときの30年後。それらを考えてみたとき、何をすることが最適なのかが自ずと見えてくるのではないでしょうか。

「まだやれる」と思う段階から、事業承継の準備を着々と進めていき、次の世代へとバトンタッチする。そうすることで、会社は新しく生まれ変わり、若い世代がさらに会社を盛り上げてくれる可能性が高まります。まさに、価値の伝達による世代交代です。

ゴーイング・コンサーン（「企業は永遠に継続する」というビジネス上の仮定のこと）を前提とする経営は、つねに長期的なスパンで考えなければなりません。同じ日々が続くということはあり得ず、変化の中で最適な行動をすることが求められます。短期的な行動だけでなく、中長期的な視点に基づいた行動が欠かせません。

そして、事業承継は短期的なものではなく、中長期的な活動を経て行うものです。会社の20年後、30年後を考えたとき、何をしておくことが最も望ましいのか。少なくとも、あらゆる準備が手付かずのまま、後継者に事業承継するのだけは避けるべきでしょう。

事例にみる事業承継のポイント③

運送業を営むC社の事業承継

運送業を営むC社は、事業承継の対策がほぼ何もできていない状態のまま、承継が行われた事例です。きっかけは、現社長である父が体調を崩したことにありました。その後、同じ会社で働いていた長男が、そのまま代表取締役社長に就任しています。

それまで長男は、会社の中にはいたものの、どちらかというと現場に近いところで仕事をしていました。そのため、経営者としての後継者育成はとくになされていません。そのような状態で事業を引き継ぐとなると、仕事をしながら学んでいく必要があります。

それこそ、「社長はどのような仕事をするのか」「自分は社長としてどうありたいのか」など、基本的な事項についても、仕事をしながら考えていかなければなりません。ただでさえ忙しい日常において、それは大変なことでしょう。

また、自分が経営者になることについて、心の準備ができていないことも問題です。経営者としての意識が腹落ちしていないと、後から悩んでしまうことも少なくありません。根本的な悩みを抱えたまま、事業を前に進めていくのは難しいものです。

本来であれば、将来の事業承継を見据えたうえで、少しずつ準備を進めておく必要があります。お互いに話し合いが行われず、コミュニケーションがとれていないケースでは、事業承継後の会社経営に支障をきたす可能性があることも考慮しておくべきでしょう。

準備不足による弊害

たとえば経営者の仕事としては、銀行との交渉や業績のチェック、事業方針の決定など、現場の業務とは異なる観点から取り組むべき事柄がたくさんあります。それらを、社長になってから身につけるとなると、まさに手探りの経営となってしまいます。

社長自身が手探りで会社を経営していれば、社員としても困ります。指示が明確でなかったり、あるいは遅れてしまったりなど、指示系統にも問題が生じる可能性があるのです。そうなれば、会社の屋台骨が揺らぎかねません。

本来であれば、中長期的な視点に基づいた会社の方針を元に、計画に沿って事業を進めていく必要があります。これまでの会社の価値に加え、自分が実現したいことを踏まえつつ、滞りなく経営していけるようにするのが事業承継の役目でもあるのです。

そのような準備ができないまま、社長に就任するというのは、会社にとっても本人にとってもいいことではありません。事業計画や会社の舵取りに関する方針が見えないため、成長への機会を失ってしまう可能性もあるでしょう。

事業承継には、後継者の育成も含まれています。ただ事業を引き継げばそれでいいわけではありません。あらかじめ後継者を探し、育成し、承継のための準備を進めていくことから、すでに事業承継は始まっていると認識するべきなのです。

経営者の育成には時間がかかる

しかも、経営者の育成には時間がかかります。後継者候補を見つけるだけでも大変なのに、その適任者をさらに育てていくとなると、相応の時間が必要です。そのことも踏まえて、事業承継のプランを構築する必要があります。

また、専務や常務など、役職に就かせればそれで経営者としての育成ができているとは限りません。社長の側で仕事を見させるのはもちろん大切なことですが、役職に就いているものの、実際には現場仕事をしているケースなども多いためです。

　そうではなく、将来の後継者であることをきちんと伝えたうえで、社長の仕事というものを知ってもらい、さらにはその覚悟を持ってもらうこと。実務的な学びと、意識や志も含めた内的な準備を進めていくことが、後継者育成には重要となります。

　たしかにC社のケースでは、事業承継そのものはできました。ただ、後継者である長男は、これから先、経営者としての立場に悩むことになるかもしれません。経営者としての視点についても、日々の業務で身につけなければならないのです。

　それでは、5年後や10年後における会社のあり方について、じっくりと考えるのは難しいはずです。それでは、場当たり的な対応に終始してしまう可能性もあります。会社についてきちんと理解し、経営者としての基本を体得するには、やはり事前準備が欠かせません。

第4章

「親子でM&A」で100年企業へ

1　一般的なM&Aのやり方

一般的なM&Aと「親子でM&A」

事業承継の重要性を認識していただいたうえで、私が本書で提案しているのは「親子でM&A」という方法です。「親子でM&A」とはその名の通り、現経営者と後継者（子）の間で、M&Aをするかのように事業承継を行うことです。

すでに述べているように、親子間での事業承継はとかく、感情的なもつれに発展しやすいという性質があります。そのことが、事業承継の円滑化を妨げているのであれば、より冷静に論理的に判断できる方法が必要となります。

そこに、「親子でM&A」の意義があります。親子間で感情に基づいた事業承継をするのではなく、会社間で行われている一般的なM&A（Mergers and Acquisitions）の要素を取り入れることで、親子間であってもスムーズに事業承継が行えるようになります。

具体的には図のような流れで事業承継を行います（図5）。

図を見ていただくとわかるように、一般的なM&Aと「親子でM&A」は、同様の流れにおいて進んでいきます。M&Aの手法をうまく取り入れることによって、客観的事実に

図5　事業承継のおおまかな流れ

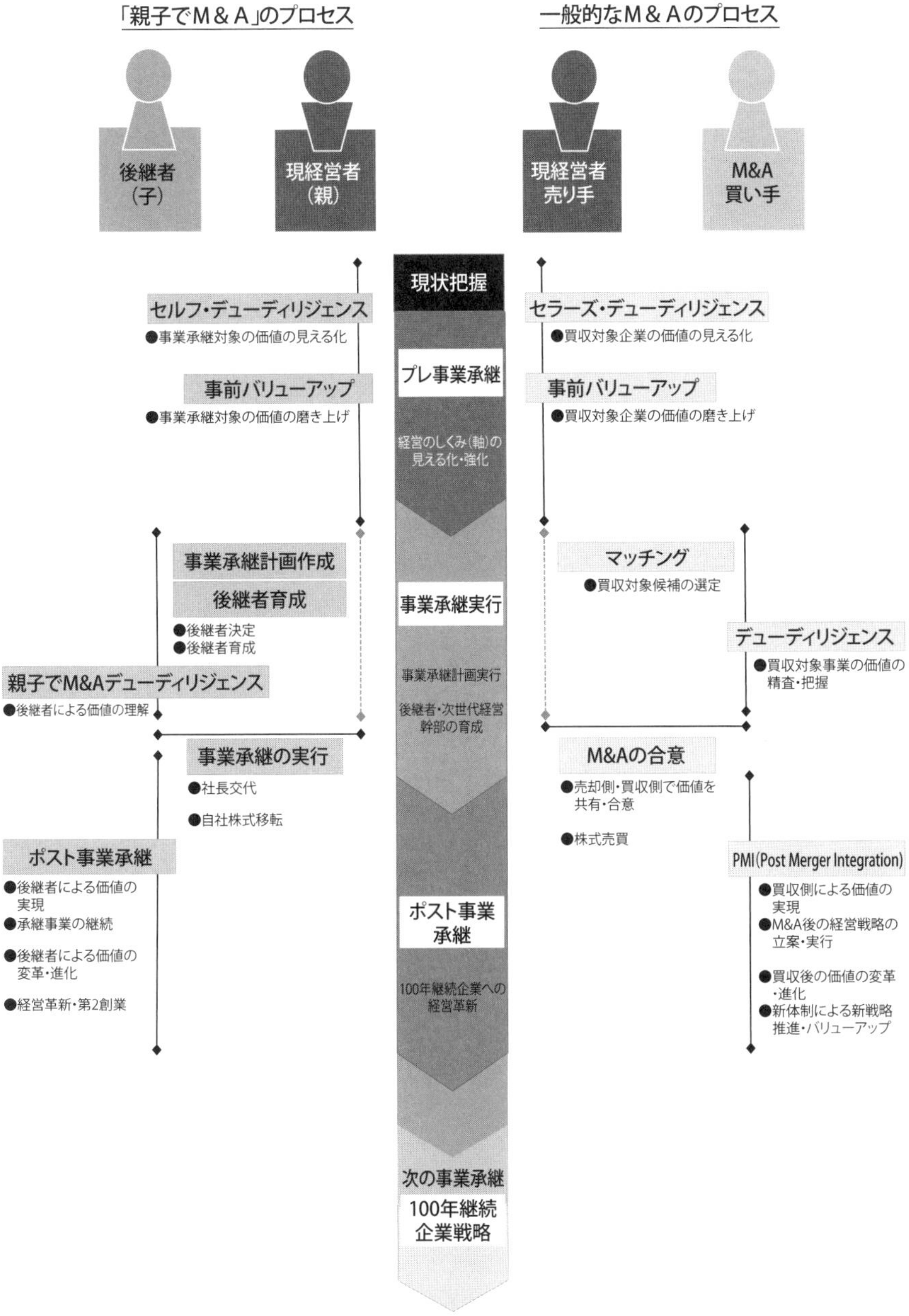
「親子でＭ＆Ａ」のプロセス
一般的なＭ＆Ａのプロセス
後継者（子）
現経営者（親）
現経営者 売り手
M&A 買い手
現状把握
セルフ・デューディリジェンス
●事業承継対象の価値の見える化
事前バリューアップ
●事業承継対象の価値の磨き上げ
セラーズ・デューディリジェンス
●買収対象企業の価値の見える化
事前バリューアップ
●買収対象企業の価値の磨き上げ
プレ事業承継
経営のしくみ（軸）の見える化・強化
事業承継計画作成
後継者育成
●後継者決定
●後継者育成
親子でM&Aデューディリジェンス
●後継者による価値の理解
マッチング
●買収対象候補の選定
デューディリジェンス
●買収対象事業の価値の精査・把握
事業承継実行
事業承継計画実行
後継者・次世代経営幹部の育成
事業承継の実行
●社長交代
●自社株式移転
M&Aの合意
●売却側・買収側で価値を共有・合意
●株式売買
ポスト事業承継
●後継者による価値の実現
●承継事業の継続
●後継者による価値の変革・進化
●経営革新・第2創業
PMI(Post Merger Integration)
●買収側による価値の実現
●M&A後の経営戦略の立案・実行
●買収後の価値の変革・進化
●新体制による新戦略推進・バリューアップ
ポスト事業承継
100年継続企業への経営革新
次の事業承継
100年継続企業戦略

基づいた事業承継を行うことが可能となります。

加えて、この過程を経ることによって、自社の状況が自ずと明らかになります。その結果、わが子に事業を承継する場合はもちろん、社外の人間に承継する場合であっても、必要な情報をすぐに開示できるようになるのです。

一般的なM&Aの全体像

図の内容をもとに、「親子でM&A」の概要について見ていきましょう。

まずは、一般的に行われているM&Aについてです。そもそもM&Aとは、「Mergers and Acquisitions」の略称です。つまり、会社の「合併」や「買収」を通じて、企業同士を有機的に結びつけることがM&Aの目的となります。

M&Aのプロセスを見てみましょう。最初に行われるのは「買収対象企業の価値の見える化（セラーズ・デューデリジェンス）」です。自社の理解、自社の価値の理解です。M&Aは、相手があり、交渉を経て、合意の結果、成立するものです。ただ、やみくもに交渉に臨んでも合意に至ることは難しく、まず、最初に自社のどこに価値があり（交渉の際にアピールするポイント）、その価値はいくらなのか（売却希望価額はいくらで、相手の提示価額とかけ離れてしまっては、合意に至らない）を把握しておくことからスタートします。

次に、「買収側の価値の精査（デューデリジェンス）」を行います。見える化された価値をもとに、買収側がその企業の価値を精査することで理解し、「売却側・買収側による価値を共有し、合意（M＆Aの合意）」します。

そして、M＆Aの合意の後、「買収側による価値の実現（シナジー効果の実現）」が行われます。具体的には、「M＆A後の経営戦略立案・実行」や「PMI（Post Merger Integration）：M＆A成立後の統合プロセス」を経ることになります。

さらに、次の段階としては、「買収後の価値の変革・進化」が挙げられます。この段階では、「M＆A後の新体制による新戦略推進」や「バリューアップ」が行われます。ここまでが、一般的なM＆Aの流れとなります。

「親子でM＆A」の要諦とは

一般的なM＆Aの全体像について理解したうえで、次に、「親子でM＆A」について見ていきましょう。全体の流れとしては、M＆Aと同じように4つの段階を経る形となっています。またその中身についても、M＆Aと本質的には共通しています。

まずは、現経営者による「価値の見える化（セルフ・デューデリジェンス）・強化」です。事業承継をしようと考えた段階から、会社の価値（経営の仕組み）を見える化し、さらにそれを磨き上げて（強化して）いきます。

次に、現経営者および後継者による「価値の理解（デューデリジェンス）・共有」を行います。現経営者と後継者がともに会社の価値を理解していないと、事業承継は成功しません。相互理解を目指しつつ、並行して、後継者育成も進めていきます。

双方が事業承継に合意したら、事業承継計画にしたがって社長交代・自社株式移転などの手続きを進め、事業承継を進めていきます。事業承継後については、後継者が中心となって「価値の実現」を図ります。前任の経営者から引き継いだ会社の価値をさらに高め、会社の円滑な運営を目指します。

最後の段階としては、「価値の変革・進化」が挙げられます。１００年企業を実現するにあたり、事業承継は一代で完結するものではありません。次の世代、また次の世代へと事業承継をしていかなければなりません。そのため、親から引き継いだ事業を守るというだけでなく、承継した事業を自身の事業としてとらえ、変革・進化させることが必要です。そのようにして、プラスの連鎖を生むことが、「親子でＭ＆Ａ」による〝１００年継続企業戦略〟なのです。

このように「親子でＭ＆Ａ」は、一般的なＭ＆Ａで行われているプロセスを参考にし、親子間で最適な事業承継ができるように組み立てられています。戦略的な視点に基づいて行われるM＆Aを親子間で実践すれば、感情にとらわれることなく事業承継を成功させることができるのです。

2 親子でM＆Aをする場合の手続き

M＆Aを事業承継に応用する

「親子でM＆A」の流れを見ていただくとわかるように、その前提となるのは、「価値の見える化」であり「価値の理解・共有」です。この過程を経ていなければ、現経営者と後継者の間において、適切な意思の疎通が行われない可能性があります。

たとえば「セルフ・デューデリジェンス」をする場合であっても、感覚的に自社のことを理解するのではなく、客観的な事実に基づいて理解する必要があります。数値データはもちろん、これまでの変遷も含めて、より論理的な判断を深めていきます。

そうすることで、現経営者から後継者への情報共有も容易になります。表面的な情報提供に終始するのではなく、会社の実情を踏まえた情報を提供することによって、押し付けることなく後継者の判断を促すことにつながるのです。

一般的なM&Aの場合を考えてみてください。買収するのは基本的に他人だからこそ、冷静に客観的に判断するはずです。そして、その指標となるのは情緒的な情報ではなく、事実に基づいたデータが中心となります。それが会社の基本的な価値を評価する指標として、もっとも適しているためです。

もちろん、情熱によって相手を説得することも大切でしょう。ただ、それだけで相手を納得させることはできません。会社の価値をきちんと理解してもらうには、客観的な情報を積み上げ、見える化し、適切な形で提供することが求められます。

情報の精査は事業承継を加速させる

たとえば、後継者候補であるわが子を、M&Aを検討している相手だと考えてみてください。そうなると、表面的な情報提供だけでは不十分であるとわかるはずです。論理的に納得してもらうために、精査された情報を適切に提供しようと考えることでしょう。

社外の人間を後継者にする場合も同じです。とくに相手が優秀な人であれば、なんとか説得して自社を引き継いでもらいたいと考えるはずです。そのためには、情緒的な情報だけでなく、会社の実情について知ってもらう必要があります。

ある意味において、採用とも似ているかもしれません。売り手市場において、会社は優秀な社員をいかに採用できるか苦心しています。会社の価値はもちろん、将来性、そして独自の魅力を理解してもらえなければ、入社してもらえないのです。

それにもかかわらず、わが子が相手の場合、「言わなくても理解しているだろう」と思ってしまう。その結果、「うちの会社には将来性がない」「引き継ぐだけの魅力を感じない」となってしまいます。事業承継を成功させるために、それは避けなければなりません。

M＆Aの基本に立ち返り、わが子だからこそ、情報をきちんと提供しなければならないと理解してください。身内だから理解できると思うのではなく、身内だからこそ丁寧に説明しなければ誤解されてしまうと認識することが大切です。

より詳細な事業承継の工程イメージ

「親子でM＆A」の流れをより理解してもらうために、事業承継の工程イメージを見ていきましょう。全体像を個別の施策に落とし込んでいくと、図6のようになります。

全体の流れとしては、現状把握を含めた「①プレ承継」があり、次に実際の「②事業承継実行」、そして承継後の「③ポスト承継」というステップを経ることになります。まずは、事業承継はそれだけで完結するのではないと理解してください。

次に、事業承継の軸について見てみましょう。こちらも大きく3つあり、「経営の仕組

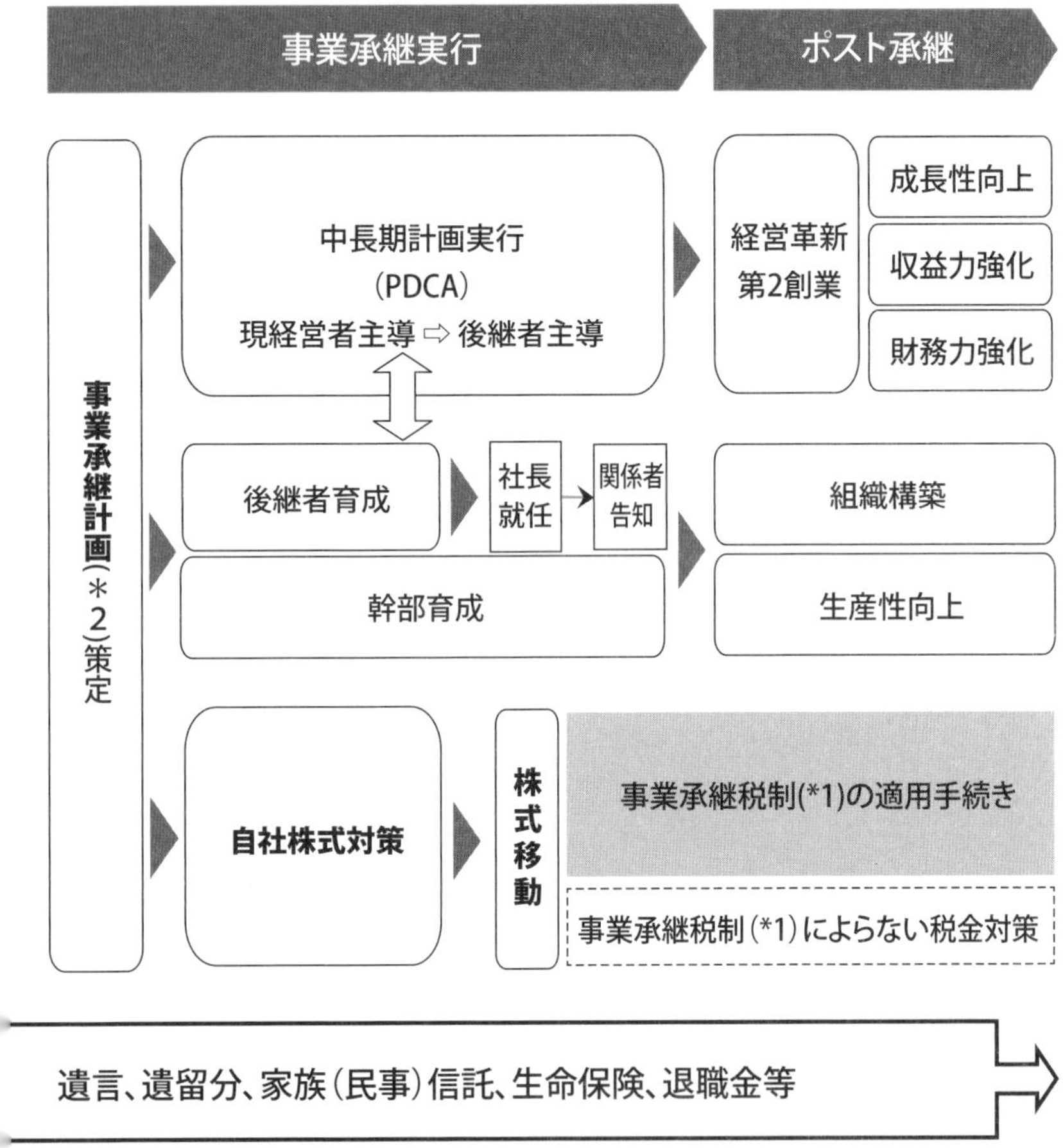
事業承継実行
ポスト承継
事業承継計画(＊2)策定
中長期計画実行
(PDCA)
現経営者主導 ⇨ 後継者主導
経営革新
第2創業
成長性向上
収益力強化
財務力強化
後継者育成
社長
就任
関係者
告知
組織構築
幹部育成
生産性向上
自社株式対策
株式移動
事業承継税制(*1)の適用手続き
事業承継税制(*1)によらない税金対策
遺言、遺留分、家族(民事)信託、生命保険、退職金等

図6　事業承継の工程イメージ

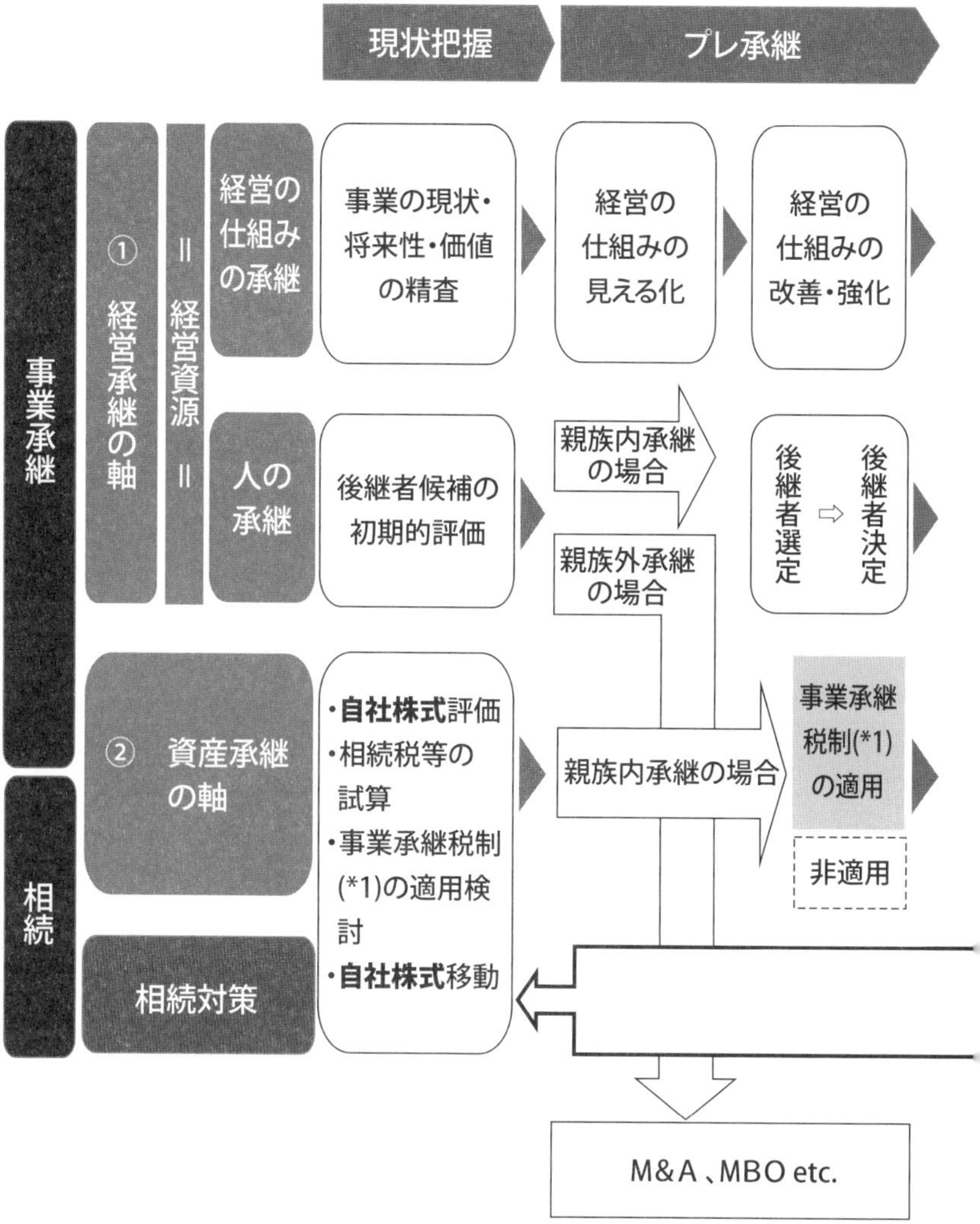

(*1)　非上場株式等の贈与税・相続税の納税猶予および免除、および同特例制度

(*2)　非上場株式等の贈与税・相続税の納税猶予および免除の特例制度を適用する場合には「特例承継計画」の提出が必要

みの承継」「人の承継」「資産承継」があります。それぞれの軸で事業承継をとらえることによって、抜けや漏れがない事業承継を行うことが可能となります。

これが事業承継の全体像です。そして、第5章では「①プレ承継」、第6章では「②事業承継実行」、第7章では「③ポスト承継」のそれぞれにおいてポイントとなる事項について紹介していきます。

図を見ると、事業承継は、自社株対策や相続税対策だけではないということを理解していただけると思います。同時に、「やるべきことが多すぎて実践するのは難しい」と感じる方もいるかもしれません。ただ、これらをすべて短期に一人で実践する必要はありません。専門家のサポートを受けながら、それこそ5年、10年かけて少しずつ行っていけばいいのです。そう考えると、それほどハードルは高くありません。

3 「親子でM&A」の3ステップ

①「現状把握&プレ承継」

本章のまとめとして、「親子でM&A」の3ステップについて簡単に紹介しましょう。

まずは、「現状把握&プレ承継」についてです。

事業承継もM&Aと同じで、まず、何をどう承継するのかを決めなければなりません。もちろん、事業承継は今すぐということではなく、5年後や10年後、あるいはさらに先を見越して行うものです。それだけの期間をかけて情報を共有していくためには、現状の把握が欠かせません。

具体的には、「事業の将来性を精査」し、「経営の仕組みを見える化」し、さらには「経営の仕組みの改善・強化」を行い、事業承継しやすい会社を創り上げます。売上や利益、株価、取引先の情報や市場の動向など、あらゆる情報をデータ化してまとめておけば、これらの活動は容易となります。

また、プレ承継の段階では並行して、「後継者候補の初期的評価」も行います。後継者候補を見つけることはもちろん、候補者への育成も行いつつ、その人が適任かどうかをプレ承継の段階から判断していくのです。

資産の部分で言うと、「自社株式の評価」や「相続税試算」「事業承継税制の適用検討」などをしておく必要があります。実際に事業承継をする段階に至った場合、資産の承継は、経営者個人の相続の問題とも密接に関係するため、遺留分問題など、遺産分割でトラブルにならないよう、あらかじめ適切な方法によってまとめておくことが大切です。

以上のように、「経営の仕組み」「人」「資産」という3つの項目でプレ承継を進めていく過程において、事業承継計画を策定し、次の段階へと移ります。

②「事業承継実行」

現状把握とプレ承継を終えたら、「事業承継実行」となります。いわゆる事業承継といった場合、この事業承継実行の段階を指していると考えていいでしょう。

事業承継実行の段階では、プレ承継時に作成した事業承継計画をもとに、実際の承継作業を進めていくことになります。プレ承継の場合と同様に、「経営の仕組み」「人」「資産」という3つの軸を並行して行います。

まず、経営の仕組みを承継する方法としては、「中長期計画を実行（ＰＤＣＡ）」することが挙げられます。作成した中長期計画をもとに、ＰＤＣＡ（plan-do-check-act）サイクルを回していき、社長が交代しても事業を円滑に回せる仕組みを整えます。

また、中長期計画の策定と実行を後継者にも行わせることで、後継者の経営能力を高めることができます。中長期計画を策定することで後継者は承継する事業を理解し、計画を実行する過程でマネジメント能力を身につけていくのです。

後継者については、後継者本人はもちろん、幹部の育成も行います。いくら優秀な社長でも、支えてくれる幹部がいなければ自由に活動することはできません。社長交代のタイミングで、経営層の刷新も検討しておくといいでしょう。

資産については、「自社株式対策」や「株式の移動」を行います。コラムでも紹介していますが、事業承継における株式対策にはさまざまな方策があります。表面的なテクニックに頼るのではなく、事業承継の専門家と相談しながら進めていくことをお勧めします。

これらの過程を経て、「後継社長の就任」「株式の移動」が完了すれば、事業承継そのものは終了となります。

③「ポスト事業承継」

事業承継そのものが終わっても、「親子でM＆A」でやるべきことはまだあります。それが「ポスト承継」の段階です。

「親子でM＆A」で想定しているのは、あくまでも長期スパンでの社長交代です。そのため、数年ごとに社長が代わる大手企業のケースとは事情が異なります。場合によっては、ビジネスモデルそのものを変化させる必要があるのです。

そのような場合、後継社長がただ事業を引き継げばそれでいいわけではありません。「経営革新」を経て、さらに会社を発展させていくための体制を整える必要があります。

具体的には、後継社長が掲げるビジョンに基づき、会社をさらに発展させるべく方策を練ります。

場合によっては組織としても、変えていかなければなりません。育成した経営幹部とともに、後継社長が会社を前に進めていくためには、組織そのものの見直しも不可欠なのです。それもまた、経営革新の一環となります。

そしてさらに、この段階から次の事業承継への意識も必要となります。「親子でM＆A」の仕組みに基づき、事業承継を成功させることができたのなら、その仕組みをさらに次の世代へと受け継いでいくのです。その連鎖こそ、１００年企業を生む秘訣となります。

事業承継はゴールではなく、企業を継続するための手段です。会社にとっても後継社長にとっても、あるいは引き継いだ前任社長にとっても、新しい門出となります。そのことを忘れないようにしてください。

事例にみる事業承継のポイント④

金属部品加工業を営むD社の事業承継

金属部品加工業を営むD社は、先代の社長が会長に、後継者の方が社長職に就いていました。その点において、すでに事業承継が行われているというケースです。ただ問題だったのは、会長が職を辞するにあたり、支払うべき「退職金」についてでした。

親子間での事業承継に限らず、経営者の交代による退職金は問題になりやすいものです。後継の社長からしてみると、会社の経営を考えて資金繰りをしなければならないため、双方が提示する金額が合わないケースが少なくないのです。

それが親子であればなおさらです。D社のケースでは、会長による会社への貢献は多大なものですし、きちんと退職金を支払うべきなのは間違いありません。ただ、その金額については、どのくらいが妥当なのかはなかなか折り合わなかったというのが実情です。

理想的な解決策としては、会長に対して感謝の気持ちを表しつつ、できるだけ希望に沿う形で退職金を支払うことでしょう。そのほうが、お互いにスッキリして経営を引き継ぐことができます。それがなかなかできないのは、退職金の妥当な額がはっきりしないためでしょう。

会社の事業計画が明確であり、かつ会長の退職金も含めた資金繰りを考慮しているのであれば、退職金の支払いで揉めることはないはずです。しかしそれができていないと、退職金の支払いによる影響が予想できず、折り合いがつきにくいものなのです。

揉めやすい退職金問題を解決するには

退職金の支払いについても、できるだけ冷静に判断することが肝要です。D社の場合、一時的にはキャッシュが出ていってしまったとしても、保険を活用するなどすれば、問題なく対応できることがわかりました。現社長はそのことを忘れてしまっていたのです。

このように、落ち着いて考えれば、退職金の支払いも無理なく行える場合が多いです。そこに感情論を持ち出してしまい、お互いに意見をぶつけてしまえば、解決するものも解決しません。双方の納得を目指し、地道に話し合うことが大切なのです。

退職金のあり方について理解し、資金の部分をきちんと用意しておけば、感謝の気持ちとともに退職金を支払うことができます。そうすれば、会長としても納得できますし、後継社長としても気持ちよく事業を引き継げるはずです。

事業そのものを引き継ぐことはもちろん、それがうまくできたとしても、お金の問題で揉めてしまうケースは後を絶ちません。とくに、感情のもつれが生じてしまうと、禍根を残すことになりかねません。そうならないよう、事前の対策が必要です。

その際には、数字としてあらかじめ確認しておくといいでしょう。退職金としてどのくらいの資金が必要なのかを事前に知っておけば、そのためのお金をプールしておくこともできます。その結果、感情的なトラブルに発展せずに対応できるようになります。

数字はドライに見ておくこと

とくに会社経営においては、数字をドライに把握し、できる限りの見える化を徹底しておくことが大切です。資金が見えない状態だと、不測の事態にも対応できません。そうではなく、あらかじめ把握できる体制を整えておくべきなのです。

また、退職金の役割についても考えておくといいでしょう。会長にとってみれば、それが会社に対する貢献度合いを表すことになりますし、またセカンドキャリアを築くための資金にもなります。収入が途絶えるということを考えれば、ある程度の金額になるのは仕方がありません。

その点を、親子だからということではなく、事業承継の一環としてとらえておくこと。そのうえで、無理に支払うというのではなく、感謝とともに気持ちよく支払うことが、後継社長にとってのけじめにもなるはずです。

会社の資金は、その後の経営においても重要なファクターとなります。資金繰りが悪化してしまうと、それだけで会社が傾いてしまうこともあるのです。その点を、会長と社長がそれぞれに理解して、折り合いをつけていきましょう。

退職金にかかわらず、お金の問題は事業承継においてトラブルの元になりやすいものです。日頃からきちんとコミュニケーションをとっておき、たとえお金の問題であっても、きちんと話し合える環境を整えておくことも意識してください。

第5章

親から子へ承継すべきポイントがわかる「親子でM&A」

1 事業承継は「点」ではなく「線」でとらえ、「面」で展開する

事業承継の「点」と「面」

「親子でM&A」の全体像からもわかるように、事業承継はある時点だけの対策ではありません。事業承継といった場合、事業承継そのもののみを指すことが多いのですが、それだけを重視するのは「親子でM&A」の本旨とは異なります。

その意味において、事業承継は「点」ではなく「面」でとらえることが大切です。事業承継を点でとらえてしまうと、時間軸の流れ（「線」）と組織としての広がり（「面」）が意識できず、ただ手続きとしての事業承継を進めることしかできなくなってしまいます。それでは、事業承継は成功しません。

そうではなく、事業承継を面としてとらえるのが、「親子でM&A」の基本方針です。一時的なものではなく、またひとつの施策ではなく、多角的な視点を持って取り組むべきもの。それが「親子でM&A」における事業承継なのです。

時系列で考えてみても、事業承継でやるべきことはたくさんあります。情報収集を含むプレ承継、そして事業承継そのもの、さらにはポスト承継という大きな3つの段階には、

それぞれ個別の施策が含まれています。それらを長期間にわたって実行していきます。

また、面としての多角的な視点も重要です。経営の仕組みだけでなく、人の承継、さらには資産の承継についても考慮しておく必要があります。加えて、相続対策についても考えておかなければなりません。

そのような過程において、経営のあり方も変わることがあるでしょう。大きな方針は変わらなくても、ビジネスモデルの転換や組織的な改革が実行される可能性はあります。そのような変化も見越して、事業承継を進めていく必要があるのです。

事業承継というと、つい「社長から後継者（後継社長）への社長交代」と考えてしまうものです。しかしそれでは、「タイミングはいつが良いだろう？」という点でしか事業承継をとらえることができません。

実際には、後継者候補ひとつとっても、長い時間をかけて意識的・意図的・戦略的に育成しなければ「社長の器」に成長しないものです。また、社長が元気なうちは、「まだまだできる」と考えてしまうこともあるでしょう。しかし、そのようにしていては、いつまで経っても社長交代のタイミングすら訪れません。むしろ、まず「後継者育成」に取りかかったほうが、よほど生産性の高い事業承継ができるはずです。

さらに、これからの事業承継は後継者育成だけでは成功しません。たとえば、次のようなものが挙げられます。

●後継者と次世代を担う社員との関係性という線

⇩組織としての生産性向上につながる。これからの日本は、人口が減少する中で潤沢な人的資源に期待できない。限られた人との関係性を大事にして、最大効果を発揮できる組織となるために人的関係という線を縦横に重ねて、面展開できないといけない。

●後継者と顧客との線

⇩将来顧客となる見込み客との線も太くしていくことで、線のつながりから面のように広がりを持つイメージへとつながる。

●組織も人と人との関係がベースという線

⇩一対一の線でつながっているより、全体の線が絡み合って構成されている。

このように点と点がつながって線となり、線と線が束になって面となり、面が重なり立体となっていく。いくつもの線を束ねると、「面」積をもった広がりができます。それが事業承継における点、線、面の関係性です。

後継者候補選びは広がりを持って

一つひとつの施策をつなぎ、点を線に変えていく。さらには、線を面へと発展させていく。それが事業承継を成功させるための秘訣です。事実、経営の仕組みや人、株式など、事業承継の軸は複数あるのです。

それらの軸を個別に扱いつつ、それぞれを並行して進めていくのが事業承継です。現状把握&プレ承継の段階でやるべきことをあらためて確認してみましょう。

この段階においては、経営者が事業承継する（100年継続企業となる）という決意をし、腹決めすることが大事です。これが揺らいだまま、決まらないままだと、そもそも事業承継のスタートが切れません。事業承継のビジョン設定は、自分の引退や大事な会社を手放すという思いではなく、ワクワクする事業承継像が描けるかという要素（事業承継ビジョン）が不可欠となります。

そのうえで、具体的な項目は次の通りです。

〈経営の仕組みの承継〉

●事業の現状・将来性・価値の精査
●経営の仕組みの見える化
●経営の仕組みの改善・強化

〈人の承継〉

●後継者候補の初期的評価
●後継者選定
●後継者決定

〈資産の承継〉

●自社株式評価
●相続税試算
●事業承継税制の適用検討　等

これらの施策を並行して実行することが、点を線に、そして面に変えていくことになります。軸としては大きく3つですが、それぞれを単なる線としてつなぐだけではなく、交互に連関させることで、面になるように意識してみてください。

とくに後継者候補の選定については、経営の仕組みや資産状況を確認していくと、状況が変わる可能性もあります。事業を売却しようと検討していたところ、自社の意外な強さを発見し、あらためてわが子に会社を引き継ぎたいと思うこともあるかもしれません。

また、後継者候補によっては、幹部人材の顔ぶれも変化することが予想されます。後継者をきちんと支えてくれる人材は誰なのか。そして、どのような組織にするのがベストなのか。会社を引き継ぐ前に、しっかりと検討しておく必要があります。

社長の育成も「面」でとらえる

後継者の育成についても同様です。現状把握&プレ承継の段階では、「後継者候補の初期的評価」を行いますが、すでに、この段階から育成は始まっています。育成の過程を経て、最終的な評価を下すことになるためです。

たとえば、現場での仕事を任せてみて、そのうえで経営者としての適性を見極めるのもひとつの方法でしょう。あるいは、海外経験などをさせてみて、会社の将来を担える人材になれるかどうかをチェックするのも効果的です。

現場を担当し、部長になり、専務になれば、社長に就任する準備ができているとは限りません。それまでの過程において、どのような適性があるのかを見極めなければ、適任かどうかはわからないのです。その後の育成計画立案にも、後継者の見極めは不可欠です。

営業はもちろん、経理や人事などのバックオフィス業務に対しても理解を深め、経営全体を面としてとらえられるようになれなければ、社長として会社の舵取りをするには不十分になりかねません。プレ承継の段階からそのような視点で考えるべきなのです。

できることなら、現状把握&プレ承継を現経営者と後継者とでともに進めていき、情報の共有はもちろん、必要な学びを得ておくといいでしょう。事業承継の全体像をお互いに理解できていれば、得られるものもより多くなるはずです。

2 まず、会社の「現在地」を理解する

会社の現在地とは

現経営者が会社の現状についてきちんと把握できていなければ、それを周囲に対しては

もちろん、後継者に伝えることはできません。その点、会社の現在地を把握するという作業は、事業承継において欠かせないものと言えるでしょう。

会社の現在地を把握するとはつまり、会社についての情報を集め、集約し、自分を含めて誰でも理解できるように見える化することです。そのうえで、情報をもとにした会社の現在地を適切に把握すること。それが、価値の伝達をうながします。

たとえば、業界内における自社の立ち位置はどのあたりなのか。それを知るだけでも、自社が置かれている状況を客観視することにつながります。社内からの視点ではなく、社外の視点も取り入れて俯瞰すれば、現状の課題やとるべき戦略も見えてくるでしょう。

いずれにしても、今いる場所がわからなければ、進むべき道も見えてきません。富士山に登る際も、ゴールまでのルートが明確であり、かつ正しい情報を得られているからこそ、安心して登れるはずです。途中でバトンタッチするならなおさらでしょう。

自社はどこにいて、これからどこに向かっていくのか。それを明確にすることは、事業承継に欠かせないことはもちろん、自社の将来を考えるうえでも重要なことです。そう考えれば、いち早く取り組むべきことなのは言うまでもありません。

ポイントは「顧客」「財務」「組織」

会社の現在地を把握するにあたり、ポイントとなるのは「顧客」「組織」「財務」の３つです。これらを軸に会社を見渡してみると、その全体像が見えてきます。また、それぞれが会社を支えている要素になっている点にも注目してください。

まずは「顧客」です。自社にとっての顧客は誰なのか、そして実際にどのような顧客がどのような頻度で商品・サービスを購入してくれているのか、さらに、なぜ当社を選んでくれるのかを考えてみてください。過去の売上推移をチェックしつつ、顧客の構成を眺めてみましょう。

次に「組織」です。会社の組織図があれば、組織図を俯瞰しつつ、どのような社員がそれぞれの部署にいるのかも見てみてください。その過程において、会社全体の状況が人を通して見えてきます。加えて、人材の流動性についてもチェックしておきましょう。

そして、３つ目が「財務」です。企業はお金がなければ運営できません。資金調達の状況はもちろん、収入と支出のバランスや、短期的・長期的な資金計画についてなど、幅広い観点から自社の財務状況を把握することです。数字が語る会社の現状に耳を傾けてみてください。

これらのポイントをきちんと踏まえて把握していれば、自社を見誤る可能性は少なくなるはずです。３つのポイントは、会社を支えている根幹であるからこそ、それらを通してあらためて会社を眺めてみることが大切です。

事業承継の前に自社をよく知ること

そのほか、「市場の状況」や「競合他社の状況」も見ておくといいでしょう。市場の先行きが明るければ、それだけ事業としての可能性も広がることになります。競合他社が少ないのならなおさらです。

また、他社にはない強みを持っているのなら、それが会社の成長戦略にも活かせます。会社の強みをさらに先鋭化させ、差別化することができれば、事業承継によってさらに会社が伸びることも期待できるでしょう。そのような情報も後継者と共有しておくことが欠かせません。

細かい部分でいえば、「自己資本比率」や「経常利益率」など、経営の健全性を測る指標についても明らかにしておき、概要も含めて共有しておくと無駄がありません。後継者の状況にもよりますが、経営についての理解が深まるはずです。

もちろん、あまりに細かい部分については掘り下げなくてもいいでしょう。詳細なデータは現場の社員に任せ、経営者としては、それらをいかに経営判断へと結びつけられるかを考えなければなりません。つまり、その数字が何を意味しているのかを理解することが先決です。

会社の現状を知ることは、それ自体が目的なのではなく、事業承継を成功させるための手段でしかありません。情報収集に時間と労力をとられ、結果的に事業承継が思うように進まないということにならないよう、注意してください。

3 親子で今の会社の価値を洗い出す

価値の洗い出しは双方向から

会社の価値をあらためて把握する際には、できるだけ、現経営者と後継者、双方の視点を取り入れることが大切です。一方的な視点ではなく、双方向の視点を用いることによって、より視野の広い現実的な評価をすることが可能となります。

とくに現社長としては、会社の評価をなるべく高く見積もりたいと考えてしまうものです。そこには自ら会社を伸ばしてきたという自負もあるでしょうし、客観的な視点が不足していることによる過大評価もあるかもしれません。

いずれにしても、必要なのはバイアスのかかっていない会社の評価です。とくに数値データなどは、感情が入り込む余地を少なくしてくれるだけに、活用するべき情報の筆頭となるでしょう。あるいは、業績や売上の推移についても同様です。

過去の事実については、変えることができません。それが正しいものであれば、未来へと向かう道筋を照らすために、それほど有効なものはないでしょう。できることなら感情ではなく、論理に基づいた価値の洗い出しを、現経営者と後継者でしてみてください。

それぞれの視点を通してみると、会社に対する評価にズレが生じる可能性もあります。そのズレがあるまま事業承継をするのではなく、話し合いによってすり合わせ、納得のいく形で事業承継へと至るのがベストです。相互理解を目指しましょう。

組織図からキーパーソンを見つける

事業承継を前提として会社の組織図を眺めていると、将来の幹部候補についてもイメージしやすくなります。これまで活躍してきた人をそのまま採用するのもひとつの方法ですが、後継者の特性を踏まえ、変えていくことを選択する場合もあるはずです。

その場合には、まず、組織図からキーパーソンを見つけましょう。キーパーソンとは、後継者とともに会社を支えてくれる次世代の幹部候補のことです。ある意味において、次期社長の右腕のようなイメージでしょうか。まずは、そのような人物を探します。キーパーソンに該当する人がいた場合には、現経営者、後継者、そしてキーパーソンとともに会社の価値を洗い出していけば、後継者が会社を引き継いだ後の経営も安定するはずです。また、その後の経営基盤もより強固なものとなっていくでしょう。

幹部も経営者とともに歳をとります。事業承継後、後継者の右腕となるべき人物は、後継者が人材採用から担当していくことが効果的です。このことが後継者の仕事として、後継者育成にもつながります。

また、現経営者のサポーターが後継者のサポーターになってくれるとは限りません。個々人が会社の味方なのか、それとも現社長の味方なのかを考えて、必要であれば会社の味方になってくれるような工夫もしていく必要があります。

わが社はどの位置にいるのか？

社内的な視点に加えて、社外的な視点からも、会社の価値について洗い出してみましょう。自社が社会に対してどのような価値を提供できているのか、そしてそれは今後も継続できるのかということを、あらためて考えてみるのです。

ただ、会社の仕組みが十分に理解できていない後継者に対して、自社が置かれている状況を理解してもらうのは大変です。場合によっては、現場での仕事を経たうえで話をしたほうが近道となるかもしれません。そのあたりは、相手によって考慮するべきでしょう。顧客や取引先との関係性、競合他社の状況なども同様です。あるいは、銀行とのやりとり、場合によってはパワーバランスなどもそうです。自社の事業を理解するうえで、そういった〝他者〟の視点を通すことは欠かせません。

事業承継ではなく、M＆Aをする際にも、会社の価値を把握する、あるいはできる状況にしておくことは重要です。それと同様に、「親子でM＆A」においても、価値を共有できる体制を整えておくことが、何よりも大事なのです。

その段階において、現経営者と後継者の間で対立する部分があれば、できるだけ早い段階から議論をし、コミュニケーションを重ね、一つひとつ潰していく。そのような地道な活動が、双方にとっての事業承継への腹落ちへとつながっていきます。

4 何の魅力もないと思い込んでいた会社が、ほかから見たら大きな価値があった！

意外なところにある自社の魅力

自社の価値についてあらためて確認してみると、思いもよらない強みや魅力を発見することがあります。幅広い点から自社を俯瞰してみると、これまでには意識したことがなかった点に目が向くことも少なくないはずです。

とくに、後継者がなかなか見つからず、業績があまり芳しくないという会社の場合、意外な自社の強みや魅力を発見することが少なくありません。日々の仕事に追われていて、冷静にそして客観的に自社を観察できていなかった経営者であればなおさらです。

事実、廃業を予定していた企業を買収するケースは存在しています。経営者としては、事業に将来性がなく、さらに自社には魅力がないと思っていたのにもかかわらず、買い手の企業が現れる。それこそまさに、見落としていた価値がある証拠です。

だからこそ、きちんと丁寧に、自社の価値について再確認するという作業は大切です。事業承継を控えている企業はもちろん、未定だという企業であっても、ぜひ自社の価値を再確認してみてください。新しい価値が見つかるかもしれません。

その際には、後継者をはじめとする社外の人間から意見をもらうのがお勧めです。社外の視点が入ると、社内では「あたり前」と思われていたようなことも、特別なこととして評価される可能性があります。それを探すことが、事業承継への近道にもなり得ます。

社内からは見つけにくいことも

自分の代で廃業しようと考えていた会社に対しても、その企業独自の価値を見つけ、M&Aを申し出る会社が現れることがあります。そのようなケースは、社内の人間が見落としていたポイントを、社外の人が発見していることを意味します。

たとえば、たくさんのSEを抱えているIT企業があったとします。ただその会社は、大手企業一社からの下請けによって事業をしていたため、経営者は、その大手企業が傾いたタイミングで事業をたたむ決断をしました。継続的に仕事がとれないためです。

しかし、たくさんのSEを抱えているという事実は、別の会社にしてみれば大きな魅力となります。とくに人材が不足している業界であればなおさらです。そこで、その強みを活かすために、M&Aを実施する事案などがあるのです。

たしかに一社専属の下請け企業は、それがネックとなり、業績が傾く恐れがあります。ただ、そこに営業力を加えればどうなるでしょうか。既存の人材はそのまま活用でき、さらに蓄積された知見やノウハウも活かすことができます。

そのように視点を変えてみると、社内に埋もれている魅力はたくさんあるはずです。大切なのは、そのような見落としがちな魅力を再確認するべく、社外の視点も取り入れて自社についてより深く知ることなのです。

事業承継で会社が変わっていく

とくに技術力がある会社というのは、新たなニーズに対応することによって、業績を伸ばしていくことが可能です。事業承継を経て、それまでにはない新しい商品やサービスへと価値を転換させていけば、会社が再び輝くこともあるでしょう。

同じ経営者のもとでは、ビジネスモデルの転換ができなかったり、あるいは新しいニーズに目が向かなかったりするかもしれません。それこそまさに、事業承継のチャンスです。新しい経営者の若い視点は、既存の価値を転換させるきっかけとなります。

近年であれば、既存の事業にＩＴを取り入れるだけでも、それまでには生み出せなかった価値を創出できる可能性があります。あるいはＡＩやＩｏＴなど、先進の技術を取り入れることにより、競争力を高められることもあるでしょう。

同じ業種や業態であっても、経営者の舵取りによって成長力は大きく変わります。人によっては何の魅力を感じない企業であっても、別の人からしてみれば宝の山に映ることもあるのです。視点が変われば、企業の価値も変わります。

ただそのためには、後継者はもちろん、外部の人間がその会社の価値を見極められるよう、適切な情報を提供できるようにしておかなければなりません。情報を収集し、現状把握を進めていくというのは、そのためにも必要なことと言えるでしょう。

5 親の顧客は子の顧客ではなく、会社の顧客にするのがベスト

現社長の顧客から会社の顧客へ

現社長から後継者に交代するにあたり、「顧客」もまた引き継ぐ必要があります。とくに、自らの高い営業力によって会社を切り盛りしてきた社長であればなおさらです。そのような場合には、「現社長の顧客」を「会社の顧客」へと転換しなければなりません。

「現社長の顧客」とは、社長個人の能力によって獲得できている顧客のことです。自らが開拓した顧客はもちろんのこと、人脈として定着しているものや、あるいは過去の付き合いなどによって結びついている顧客というパターンもあるでしょう。

そのような顧客は、社長が交代してしまった途端、顧客ではなくなってしまう可能性があります。その顧客が占める売上の割合が高ければ高いほど、あるいは中長期的な付き合いをしているほど、会社にとっては損失となってしまいます。

事業承継をする際には、そうした事態にならないよう、あらかじめ顧客を「会社の顧客」へと転換させるべく努力することが大切です。具体的には、個人的な関係性によって付き合うのではなく、あくまでも会社全体として付き合うようにすることが求められます。

また、現社長の顧客だけではなく、現社長とともに会社を支えてきた幹部の顧客についても同様です。現社長が交代するのにともない、そのような幹部も交代することは少なくありません。そうした場合も想定して、属人的な顧客を減らしていくことです。

トップダウンからの変革

とくにトップダウンで事業を進めてきた経営者の場合、属人的な顧客が多い可能性があります。そのような企業では、社長の交代によって顧客数が大きく減少してしまう恐れがあるのです。そうなる前に、顧客の理解を変えていかなければなりません。

たとえば、直接的な対応で考えられるのは、「営業組織の強化」が挙げられるでしょう。社長のトップ営業ではなく、組織としての営業体制に切り替えていけば、顧客の認識も少しずつ変わっていくはずです。そのような過程を経て、社長の顧客から会社の顧客へと変えていくのです。

もちろん、社長の顧客を後継者の顧客に変えていく努力も欠かせません。とくに取引先との関係性を維持するためには、事業承継が行われるということに加え、後継者が誰になるのかということも伝えておくと無駄がないでしょう。

トップダウンからボトムアップの組織に変革し、経営者の仕事は後継社長へと引き継いでいく。あたり前のことに思われるかもしれませんが、そのような地道な活動を経ることによって、事業承継の成功確率も高まるのです。

すでに述べているように、事業承継は会社そのものが変わるチャンスでもあります。会社の体質を変え、組織を変え、必要な引き継ぎを経てさらに発展してくために、顧客という観点からも、プラスの変化を生み出しましょう。

組織化によって事業承継がスムーズに

どんなに優秀な経営者であっても、ひとりで広げられる営業の範囲には自ずと限界があります。その幅が、会社としての幅になってしまえば、いずれは頭打ちとなってしまうでしょう。事業承継によって、その壁を突破することが大切です。

ひとりの社長が1億円まで売上を拡大できたとして、後継者がその規模をそのまま引き継げば、やはり1億円のままです。それでは現状維持にしかなりません。能力の差によってはマイナスになってしまうこともあるでしょう。

だからこそ、そのまま引き継ぐのではなく、組織として営業できるように変えていく必要があります。社長ひとりの力では1億円が限界だったとしても、組織として行うことで2億円、3億円、さらには10億円と拡大することも可能です。

事業承継を経ることは、現社長のコピーをつくることではないのです。そうではなく、次のステップに進むための施策を考案し、後継者とともに実現してくことが求められます。組織化の発想はまさに、事業承継という転換点の活用なのです。

ただし、トップ営業の必要性が変わるわけではありません。トップ営業は事業承継を経ても変わらず効果的です。だからこそ、社長ができる営業をより先鋭化し、的を絞ることによって効果を高めていくことを目指しましょう。

6 親の「信用担保」は生きているうちに使う

銀行からの信用担保

経営者はもちろん、社会人が他者から評価されるポイントは、一にも二にも「信用」であり「信頼」です。相手を信じて取引できるからこそ、仕事が増え、さらには大きな仕事へと結びつきます。とくに会社経営者にとって、信用・信頼は欠かせません。

20年、30年にわたって会社を運営してきた経営者というのは、まさに、信用を積み重ねてきているはずです。その蓄積された信用を、事業承継のときにも引き継げるようにしておかなければなりません。社会的な信用はもちろん、とくに資金面での信用は経営にとって大きな武器となるためです。

もし、「○○社長だから融資します」という関係性であれば、後継者が会社を引き継いだとき、会社の運転資金を確保できなくなってしまう可能性があります。それは、企業経営にとって大きな痛手です。そのような事態を避けるために、会社そのものの信用力を高めておかなければなりません。

あくまでも個人の信用ではなく、組織としての信用担保へと形を変えておく。そうすることによって、「○○社長だから融資する」ではなく、「○○社だから融資する」へと変えることができるのです。

それまで社長が積み上げてきた信用が、事業承継によって失われてしまうのは、会社のためにも絶対に避けなければなりません。事業承継の事前準備やプレ承継の過程は、まさにそのためにあると考えてもいいでしょう。個人の信用を、会社の信用へと変えていくのです。

個人から組織の信用へ

顧客の場合も同様ですが、信用もまた、社長個人の信用から組織の信用へと変えていくことが大切です。とくに銀行をはじめとする金融機関とのやりとりに関しては、後継社長にもきちんと引き継げる形で整えておく必要があります。

もちろん、事業承継を経ているからといって、信用までもがすぐに承継されるわけではありません。信用というのは、時間をかけてじっくりと醸成されるものです。その点、後継社長としても引き続き努力を続けていかなければなりません。

ただ、現社長がトップにいる段階から、後継社長の信用度を高めておくことは可能です。重要な役職に就いてもらい、責任のある立場できちんと仕事をこなしていけば、自ずと信用も蓄積されていくはずです。それは、対外的にも対内的にもそうです。

社内からは、信頼してともに仕事ができる相手として、社外からは、信用して取引ができる相手として認識されるようになれば、後継者個人としての信用がきちんと積み重ねられていることになります。そこに、会社としての信用を付加すればいいのです。

では、一から信用を形成する場合にはどうすればいいのでしょうか。それは端的に、「約束はきちんと守る」ことに尽きます。小さな約束でも必ず守りぬくこと。そうした行動が、やがて大きな信用・信頼へとつながっていきます。

会社の顔とは何か

現社長の信用が後継者へと伝達され、さらに会社としての信用に発展していけば、ビジネスはよりスムーズに進みます。いわゆる会社としての「ブランド」が醸成され、そのブランド価値が信用を育んでくれるためです。

たとえば、アップル社の iPhone を継続的に利用している人がいます。そのような人は、アップル社に対する信用はもちろん、iPhone という製品そのものに対しても信用しているはずです。だからこそ、たとえ高額であっても購入しています。

その信用は、創業者のスティーブ・ジョブズが亡くなっても変わりません。iPhone という製品そのものへの信頼、そしてアップル社への信頼が蓄積されているからこそ、経営者個人の信用にかかわらず、選ばれ続けているのです。

そのように、いわゆる〝会社の顔〟が経営者本人ではなく、製品やサービス、あるいは会社そのものになれば、信用はより引き継ぎやすくなるのです。後継者としては、より安定的に事業を運営するために、そのような観点から会社について考えなければなりません。

とくに創業期の企業は、経営者本人が会社の顔になりがちです。事業承継を経て、そのような状況から脱却し、会社そのものへの信用・信頼を醸成していくこと。それは、現経営者および後継者の双方で実現していくべき課題でもあるのです。

7 事業承継について相談できるプロの存在がマスト

事業承継には第三者の意見も

すでに紹介しているように、現状把握およびプレ承継の段階では、経営の仕組みの承継として「事業の将来性の精査」「経営の仕組みの見える化」「経営の仕組みの改善・強化」をし、人の承継としては「後継者候補の初期的評価」「後継者の選定・決定」をし、資産の承継としては「自社株式評価・相続税試算」「事業承継税制の適用検討等」を行います。ただ、これらの過程はあくまでも一例であり、企業ごとに事情も異なるため、それぞれの会社において実施する施策の内容や流れ、プランなどに違いが生じるものです。本来であれば、個別の状況を勘案し、カスタマイズしていくのがベストです。

その際には、客観的な視点を取り入れるために、第三者に参加してもらうといいでしょう。そうすることで、感情的な対立をできるだけ避け、より冷静に事業承継を進めていくことが可能となります。とくに、専門家の意見を聞くことは大切です。

ことはじめての事業承継であれば、その進め方についても手探りで行わなければなりません。そうなると、途中の段階で疑問が生じることもあるでしょうし、想定外の事態になった場合に思わぬトラブルへと発展してしまう恐れがあります。

そのようなことにならないよう、あらかじめ専門家を入れ、現経営者や後継者、あるいは幹部社員とともに話し合いを重ねていくといいでしょう。事業承継のプロやコンサルタントからのアドバイスは、会社の価値をあらためて精査するのにも大いに役立ちます。

M&Aにおけるアドバイザー

親子でM&Aをする際には、そのような戦略的な視点による事業承継が欠かせません。

自分たちだけで完結させるのではなく、適切なシーンで外部の協力を取り付け、ポイントを押さえたうえで実現していくのが得策です。

一般的なM&Aにおいても、ファイナンシャル・アドバイザー（FA）をはじめとする専門家が仲介に入ります。専門家が間に入ることによって、M&Aの流れをスムーズにし、交渉においても円滑な進行が可能となるのです。

とくに忙しい経営者にとって、時間と労力はなるべく減らしたいと考えるもの。事業承継について自ら調べることも可能ですが、ゼロから学ぶよりも、専門家の力を借りたほうが迅速にそして確実な行動ができることは間違いありません。

ちなみに、一般的なM&Aの場合は、売り手には売り手のファイナンシャル・アドバイザーが、そして買い手には買い手のファイナンシャル・アドバイザーがつくケースも多いです。そのようにして、交渉を円滑化しているのです。

こと事業承継の場合は、現経営者と後継者それぞれに専門家をつける必要があるかどうかは未知数です。ただ、仲介をしてくれる専門家がひとりいるだけでも、いろいろなアドバイスがもらえるのはもちろん、事業承継の流れを円滑にしてくれることは確かです。

親子でM&Aにもプロの視点が大事

「親子でM＆A」をする際、とくに時間がかかってしまうケースというのは、現経営者と後継者が感情的にもつれてしまう場合です。もともと仲が悪いのであればなおさらのこと、そうでなくても、当事者間の交渉にはトラブルがつきものです。

そのときに、仲介人となる第三者がいれば、物事はスムーズに進むようになります。第三者がいることによって、現経営者と後継者が冷静になることができ、いわゆる〝親子喧嘩〟にならずに事業承継を進められる可能性が高まります。

いくら親子であったとしても、あるいは仲のいい間柄だったとしても、それまでの関係性を抜きにしてそれぞれが現経営者・後継者という立場に立たなければ、そこから私情が入り込んでしまう恐れがあります。冷静かつ適切な判断をするためにも、それは避けるべきでしょう。

とくに、事業承継に関するプロが間に入れば、事業承継の準備はもちろん、状況に応じた進め方や段取り、軌道修正についても、最適なアドバイスをもらえます。それが結果的に、事業承継を成功させることに大きく寄与するはずです。

一般的なM＆Aに仲介者がいるように、「親子でM＆A」を実践する際にも、プロのアドバイザーを介入させましょう。とくに、事業承継に関する知見が豊富であり、かつ経験が豊かな人であれば最適です。ぜひ、現状把握&プレ承継の段階から意識してみてください。

事例にみる事業承継のポイント⑤

不動産企画業を営むE社の事業承継

不動産の企画開発や分譲、賃貸管理を行っているE社は、社長が51歳。現役で社長職を務めています。もちろん、これから先もしばらくは社長として仕事をしていく予定ですが、将来のことを考え、株式についての検討を始めました。

現状、代表取締役の社長に対し、奥さんが取締役、姉が監査役を務めています。ただ、株式については社長が100%保有している形です。この株式を、まだ小さい長男・次男に対して承継していくことを踏まえ、将来の事業承継を見据えています。

まだお子さんが小さいことからも、事業そのものの承継を考えるには早いと思われるかもしれません。しかし、会社の株対策としては、できるだけ早く対応したほうが得になるケースも少なくないのです。事実、株の譲渡は早めに行うことが可能です。

会社の株というのは、業績に応じて上がっていきます。とくに、将来性のある事業を営んでいる企業の場合、10年くらいのスパンで株価が上昇する可能性があります。社長がまだ若く、経営を担えるのならなおさらです。

具体的に、E社のケースにおいては、「信託」という方法によって株式を譲渡することになりました。信託による株式譲渡の場合、相続や贈与などとは異なり、付帯する権利を区分できるなどの柔軟性があるためです。これにより、株式の譲渡をスムーズに行うことができました。

「議決権」と「財産権」

そもそも会社における株式の価値には、「議決権」と「財産権」があります。議決権とは、株主総会で物事を決める際の権利を指しますが、端的に言えば会社の経営権と理解していいでしょう。だからこそ、社長は株を保有しているわけです。

一方、財産権についてはどうでしょうか。株式には配当があります。つまり、株式を保有していることによって、配当という利益を得られるわけです（配当がない企業もあります）。また、株を保有していれば、会社の持分を保有しているのと同義です。

このように、議決権と財産権というふたつの性質が株式にあることを考えた場合、それぞれを分離して譲渡できるのが信託となります。要するに、財産権は渡しつつ、議決権だけはそのままにしておくことができるのです。

会社の支配は社長がしつつ、子どもたちには財産権としての株式を譲渡しておけば、会社の成長によって株価が上昇しても無駄がありません。当然、その背景には相続税の問題があるわけですが、早めの株譲渡が節税にもなるのです。

このように、将来的に事業承継を考えているのであれば、まだ子どもが小さかったとしても、株式の譲渡を検討する意義があることになります。税金対策という点においても、合理的に判断して実行することが、後にプラスの効果を生むのです。

戦略的な事業承継のモデル

事前に株を譲渡しておけば、現在の社長はもちろん、後継者としても対策がしやすくなります。お子さんが成長し、長男・次男のいずれかが経営を引き継ぐにしても、議決権だけを動かせばいいことになります。また、その自覚も早い段階で植え付けられることでしょう。

そのため、いずれは株式譲渡による財産権の移譲をしたいと考えているのであれば、株価が低い段階から行っておいたほうが得策です。承継としては特殊な事例ではありますが、高度に戦略的であるとも言えます。

子どもの段階から事業承継について話をしたり、あるいはお互いが意識したりするだけでも、コミュニケーションが生まれる可能性があります。何の話もせず、時期がきてから準備するよりもスムーズに物事が進んでいくはずです。

企業が将来にわたって成長していくこと、つまりゴーイング・コンサーンを前提にしている以上、いずれは事業承継をするのが基本となります。そう考えれば、子どもが小さいときから何らかの準備をしておくことも大切です。

そのための方策として、株式の財産権を譲渡しておく。そのような行動から、将来の事業承継について考えるきっかけとなれば、段階的に準備を進めることができるはずです。企業経営と同じように、地道にそして戦略的に、事業承継をとらえてみてください。

第6章

いざ実践！「親子でM&A」

1 社長から後継者へ価値観をつなぐ

価値を引き継ぐための材料

現状把握&プレ承継の段階を経て、作成された「事業承継計画」をもとに、実際の事業承継を進めていく段階が「事業承継実行期」です。この段階では主に、「中長期計画の実行」「後継者・幹部の育成」「自社株式対策・株式移動」などを行います。

事業承継実行期のポイントは、後継者が承継する事業の価値を把握し、事業の価値を継続して実現していくことができるようにすることにあります。「中長期計画実行」も徐々にその主体を現社長から後継者に移すことにより価値実現のプロセスを通じて、社長のあり方を自分自身のものとしていきます。

ちなみに、事業承継計画の策定は、現状把握&プレ承継で収集した情報をもとに行います。具体的には、次のような情報をまとめ、精査しておくといいでしょう。

- 会社の基本情報
- 会社の役員構成

●会社の株主構成
●会社の現状分析
（①「強みと弱み」などの定性的な情報、②「売上や利益」などの定量的な情報）
●保有資産
●組織図
●業務分担の状況
●短期、中期、長期計画
●利害関係者について（販売先、仕入先、外注先など）

もちろん、会社の状況によっては、次の世代に引き継がないという選択をすることもあり得ます。そのような場合には、円滑に会社をたためるよう、必要な作業を進めていくことになります。いずれにしても、この段階で会社の先行きが見えてくるわけです。

現状把握&プレ承継で得られた情報は、客観的な材料に基づいているものが中心となります。そのため、この後の計画に関しても、事実に基づいた施策を着実にこなしていくことが可能となります。会社の価値をさらに高めるために、やるべきことが明確になっているはずです。

あとは、それらを日々の業務へと落とし込んでいくこと。会社の価値を再確認できたのなら、引き継ぎの時期に応じて、それをできるだけ高められるような計画を立てておくのです。あるいは、後継者とともに中長期計画を見直すのもいいでしょう。

計画が策定できていれば、それぞれの施策を粛々と実行していくだけです。この段階ではあまり悩まず、必要な行動をしていくことが大切です。また、新しい社長が就任したのなら、権利関係を明確にする意味でも、現社長は潔く退くということも求められます。

事業承継の判断は難しい

ただ、この段階に至ったとしても、実際に事業承継をするかどうか、あるいは誰に引き継ぐべきなのかが明確になっていない場合もあります。そのようなときには、「中長期計画の実行」「後継者・幹部の育成」などを通して判断することになります。

とくに事業承継は、会社ごとに進捗が異なります。すんなり決められる会社もあれば、そうでない会社もあるのです。「この指標があれば決まる」ということではなく、状況に応じて、個別に判断しなければならないことを理解してください。

とくに親子で事業承継をする場合には、相互のコンセンサスが欠かせません。表面的な部分だけでなく、より深いところでそれぞれが納得していなければ、本当の意味で事業承継を完結することはできないでしょう。それにはやはり、時間がかかるのです。

また、「とりあえず自分が元気なうちは続ける」と考えている経営者もいることでしょう。そのようなケースでは、不測の事態が生じた場合、残された後継者や社員が苦労することになりかねません。大変なのは、何かあったときなのです。

事業承継の計画を立て、その計画を進めていくにあたり、少しずつ判断を深めていく。そのうえで、それぞれの会社の状況を踏まえて、できる限り早めに準備をし、なるべく元気なうちから事業承継を行うことを意識しておくことです。

業務と並行しつつ進めていく

いずれにしても、事業承継が計画通りに進むとは限りません。また、他社の事例を参考にすることはできても、まったく同じように進められるかというと、決してそうではないのです。

大切なのは、それぞれの企業において最適な方法を常に模索し、やるべきことを粛々と進めていくことです。決めておくべき基本事項や方法論、施策の数々はあくまでも参考にしつつ、状況を見て個別に判断することが求められます。

中小企業の事業承継は、それこそ5年〜10年をかけて、前の事業承継から次の事業承継までの期間でみると20年〜30年という長期的なスパンで行われるものです。その都度、現経営者と後継者の関係性も異なるでしょうし、親子であれば親密度も違うはずです。そこに、絶対的なマニュアルはありません。

加えて、わが子が後継者になってくれるかどうかも、それぞれの資質という点も踏まえて変わってくるものです。場合によっては、就職状況にも関係してくる問題かもしれません。だからこそ、臨機応変な行動が不可欠なのです。

そして、たとえば後継者候補が決まらなくても、事業承継のプロセスをきちんと踏んでおくこと。なぜなら、それは自社の価値を社外にアナウンスし、場合によってはＭ＆Ａの対象となりやすくすることにもつながるためです。業務と並行して進めていく事業承継は、決まった道がないからこそ、粛々と行うべきものだと認識してください。

2 社員全員に価値観をつなぐ

社員に対する価値の伝達

事業承継の実行は、現社長と後継者のみで行われるものではありません。幹部社員はもちろん、現場で働いている社員に対しても、事業承継において「価値観の伝達」が行えるようにする必要があります。つまり、社員全員と価値観を共有するのです。

会社の価値観は、掲げている理念やビジョン、あるいは日々の行動に表れています。それらをあらためて確認し、社員とともに共有しておく。そうすることで、後継者が会社を引き継いだ際にも、同じ方向を向いて仕事に取り組めるようになります。

事業承継の失敗でよくあるのは、後継社長と社員との間に温度差があり、円滑な事業運営ができなくなってしまうというものです。そうなると、たとえ社長の交代ができていたとしても、会社全体としてはマイナスとなってしまいます。

大切なのは、現社長と後継社長が価値観を共有し、その共有した価値観を社内にもきちんと伝えていくことです。価値観の伝達は、理念やビジョンを掲げているだけではできません。適切な方法によってアナウンスするなどの工夫が必要です。

また、後継社長としては、その価値観が社内に浸透しているかもチェックする必要があります。社員全員に対し、しっかりと価値観が浸透していないのであれば、あらためて価値観を伝えていくための施策を継続していく。そのような粘り強い対応が欠かせません。

いかに発信できているかが大事

どんなに立派な計画を立てていても、それを社内外にきちんと発信できていなければ、事業承継は前に進みません。会社の価値観を理解してもらうにしても、それを伝える努力なくしては、いつまで経っても理解が進まないのです。

また、何も考えずに発信するだけでもいけません。現社長と後継者との間で、会社の価値観に対する意識に相違があった場合、それがトラブルのもとになる可能性もあります。事業の方向性をすり合わせることは、発信と受信のバランスが大事なのです。

たとえば現社長が、これまでの事業を継続しつつ、新しい技術によって会社をさらに発展していってもらいたいと考えていた場合。後継社長が既存の事業を一気に縮小してしまえば、引き継いだ後の社長としても、あまりいい気はしないでしょう。

後継社長としては技術力を武器に事業をさらに拡大したいと考えているのにもかかわら

ず、それに対する理解を得られないまま現社長が反対し、いつまで経っても事業承継がなされないというのも困ります。やはり、双方向における価値観の共有が必要です。

現社長と後継社長がともに理解を深め、会社の価値観を社内全体でも共有できているのなら、事業承継後も、全社一丸となって事業を進めていくことができます。それぞれが違った方向を向くのではなく、同じ目線になれるような発信を意識してください。

材料を提供することにより理解を深めていく

同じ会社に勤めている人でも、会社に対する理解度や忠誠心については、それぞれ異なるはずです。後継者候補も同様で、人によってその度合いは大きく異なります。それは、会社に対するスタンスの違いと表現してもいいでしょう。

そのような違いがあるからこそ、個別に理解を深めていかなければ、事業承継の実行へと至らない可能性があります。「中長期計画の実行」や「後継者・幹部育成」をするにしても、最終的に後継者がやる気を失ってしまえば承継にはつながりません。

ただし、それぞれの過程において、より会社を理解してもらうための〝材料〟を提供することはできます。たとえば、ひとつの部署を後継者に任せてみることによって、会社に対する想いが醸成されることもあるでしょう。仕事に対する意欲も変わるかもしれません。

あるいは、社外で研修を受けさせることによって、後継者としての自覚が生まれる可能性もあります。とくに、現社長とは異なるタイプの先輩経営者などと接しながら、メンターとしてアドバイスをもらえるようになると、経営者としてのモチベーションも高まります。

もし、事業承継計画が策定された段階で、後継者に対するアプローチをやめてしまうと、そのまま事業承継そのものが頓挫してしまう恐れもあります。伝えるべきことをきちんと伝え、事業承継の土壌をきちんと構築していくこともまた、事業承継の実行にほかなりません。

3 お客さんへ親子三代にわたって価値観をつなぐ

親子三代での価値継承

事業承継が一代で終わるものではなく、代々にわたって引き継いでいくべきものであることを考えると、価値観の引き継ぎは事業承継のたびに実現していく必要があります。それは、社内に対しても、顧客に対しても、あるいは取引先に対しても同様です。

たとえば顧客に対する価値観の引き継ぎとしては、社長が交代しても、「その商品（サービス）のファンなんです」と言ってもらえるユーザーが存在していることなどが挙げられます。それこそまさに、社長個人ではなく会社の顧客であり、「ファン」と表現してもいいでしょう。

その会社のファンになってくれる顧客は、長期にわたって、その会社と良好な関係性を築いてくれる可能性があります。そのような顧客を大切にすることは、会社にとって重要であるのはもちろん、次世代に引き継ぐべき資産にもなり得ます。

代々にわたって事業承継をしていくということは、代々にわたって価値を引き継ぐということであり、かつ社内外における資産の共有と発展を意味しています。短期的な視点ではなく、ファンの獲得と継承を含めた長期的視点が求められます。

とくに事業承継したばかりの頃は、後継者が舵取りに慣れておらず、小さな問題がトラブルに発展してしまうことがあります。そのような事態を未然に防ぎ、事業承継を円滑に進めていくためにも、現社長が環境を整備し、それを引き継ぐことは欠かせません。

自らの事業を総決算する姿勢で

情報を集約し、それらもとに事業承継計画を策定する過程では、これまで見えていなかった会社のあるべき姿に直面することでしょう。そのようにして会社を見える化していく段階というのは、自らの事業を総決算することにほかなりません。

社長としてトップに立ち、仕事に追われているときは、幅広い情報から冷静な視点で、自社について振り返ることは少ないはずです。そのような意味において、事業承継をひとつのターニング・ポイントとして、総決算することは大いに役立ちます。

そもそも、現状を整理したり、あるいは準備を進めたりすることは、事業承継のメインではありません。会社経営者としての基本的な業務であり、かつ、会社を存続させるための前提としておくべき活動なのです。

そのような活動を経て、自分なりの経営スタイルあるいは経営のスタンスを再確認できれば、現状の仕事に対してもプラスの効果を生み出すことでしょう。大切なのは、今のために将来のことを考えて行動するという姿勢なのです。

経営者としての自分を振り返り、活動を俯瞰し、過去の成功体験を再構築していく。それが会社の資産として蓄積されていきます。実際に事業承継できるかという点にばかりこだわるのではなく、すべての活動がどのような効果を生むのかという視点が大事なのです。

親から子へ事実を開示していく

収集した情報を後継者に開示していくと、双方による会社への理解が深まります。組織図、顧客情報、金融機関との関係性、売上や利益など、会社の現状を事実として提示していくことで、バイアスを通さないリアルな会社の姿を見せられるためです。

そして、それらのデータに対し、裏側にある想いやストーリーも伝えていけば、より会社経営というものを理解してもらいやすくなります。数字に表れる会社経営のリアルと、想いやストーリーに表れる社長の情熱が融合し、イメージが喚起されやすくなるのです。

データに感情を上乗せしてみると、人間、最後は感情や感覚で動いていることが明らかになるでしょう。より論理的に行動しようと思っていても、最後は好き嫌いや勘を頼りに判断してしまう。それもまた、経営の醍醐味であり本質です。

そういったことについては、教科書から学ぶわけにはいきません。むしろ、実際の経験や実例を踏まえて学ばなければ、深く腹落ちできないはずです。親子が何代にもわたって事業承継できるのはまさに、そういった〝語らい〟があるからではないでしょうか。

とくに、「なぜその事業を始めたのか」「なぜそのような決断をしたのか」など、自らの

「なぜ」に着目してみると、現経営者のパーソナリティから生じる決断の妙が見えてきます。そうした実業の中での意思決定は、後継者にとっても参考になるはずです。

4 「つなぐ」ことは、まだ見ぬわが子を幸せにすること

現代から未来へ

これまでは〝今〟の業績や、〝近未来〟の会社を思い描いて事業を進めてきた現経営者も、事業承継を意識した段階から、次の世代、あるいはそのまた次の世代が会社を引き継いだことも考えて事業を進めていく必要があります。

現代から未来へと価値の伝達をしていくということは、その過程において新しい経営者が生まれ、さらには事業承継が行われていることを意味します。当然、個々の事業承継がスムーズに行われるとは限らず、場合によっては頓挫する可能性もあり得ます。

それでも、今を見るのではなく、未来を見続けること。それが、これから事業承継をする社長の役目であり、100年企業を実現しようとする経営者の使命です。蓄積された過去、そして成果が目に見える現代から、視点を未来へと移さなければなりません。

先頭に立って事業を進めていると、どうしても、目の前のお客さまを優先しようと考えてしまうものです。ただ、まだ見ぬお客さまのことを考え、次の世代が会社を引き継いだときの〝楔〟を打っておくことは、後の会社に大きな功績をもたらすはずです。

考えてもみてください。自分の子はもちろん、孫やひ孫、あるいはその先の世代が会社を引き継いでいくにあたり、今とまったく同じ業種・業態で事業を進めている可能性は少ないでしょう。つねに未来を創造することが、将来の会社をつくるのです。

経営戦略としての事業承継

企業の経営戦略としては、国内はもちろん、海外も視野に入れた新しい事業戦略を構築するきっかけとして、事業承継をとらえるという発想も大事です。これまでになかった視点が、事業承継で入るということを考えれば、当然、今後の戦略も変わってきます。

そもそも企業の成長戦略には、「市場浸透」「製品(商品)開発」「新市場の開拓」「多角化」などがあるわけですが(図7)、それらのうち、現経営者と後継者の話し合いを経て、やるべきことを見出していく。それもまた、会社の価値をつなぐということにほかなりません。

より戦略的に事業をとらえることによって、これまでの弱みが強みに変わったり、ある

図7　事業拡大のマトリックス

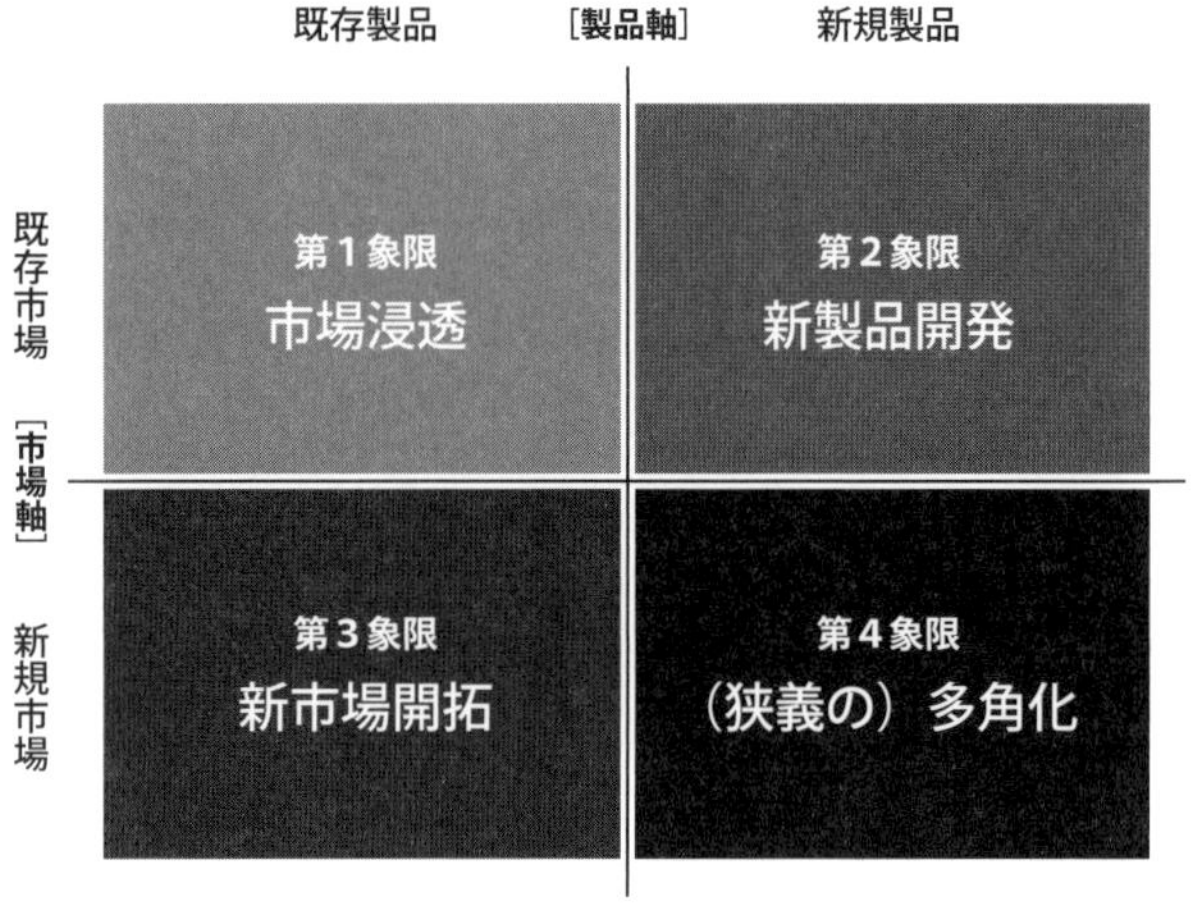

いは苦手分野が逆にチャンスになったりすることもあり得ます。たとえば、下請け企業が自社製品をリリースすることにより、収益が安定化するなどもそうでしょう。

あるいは、事業を拡大するために多角化を目指していた企業が、事業承継を機にスリム化を図り、事業を特定分野に集中して差別化するということもあるでしょう。いずれにしても、次の時代を見据えてあるべき姿へと進化することが大切です。

エリアという視点で考えてみても、地方で集中的に事業を展開してきた企業が、若い企業とタッグを組んで大都市圏に進出するなど、事業承継によって新しい企業の攻め手が生まれる可能性もあります。それもまた、事業承継がもたらす変化なのです。

活用できるデータと感情の提供を

一般的なM＆Aのシーンを考えてみてください。買収先の企業に対して価値をつなぐために、いろいろなデータを提供しつつ、相手が明るい未来を想像できるように努力するはずです。事業承継も同じで、根底にあるのは、次の世代を幸せにするという発想です。

とくに親子間の事業承継は、事業承継することがすでに前提となっており、それまでの過程がおざなりにされてしまうケースが少なくありません。そうなると、事業承継によって実現できる若返りあるいは進化を、見落としかねません。

データを元にしたストーリー、そしてそのストーリーから生まれる会社のあるべき未来。現経営者と後継者がそれを共有できれば、事業承継による価値の引き継ぎはうまくいきます。少なくとも、表面的な社長交代にはなりません。

そして、必要であれば、第三者のサポートによってさらなる価値の向上を図っていく。数字だけではなく、その裏側にある想いも次世代が引き継げるように配慮しながら、最終的な〝仕事の喜び〟を共有できるところまで高めていくのです。

普段から事業に対する定性的な情報と定量的な情報を開示している経営者であれば、事業承継の際であっても、必要事項の引き継ぎに苦労することは少ないはずです。しかしそうでないのなら、準備の段階から事業承継実行のことを考えておくべきでしょう。

5 自信のない後継者に自信をつける方法

自信のない後継者

事業承継を予定していたのにもかかわらず、いざとなって後継者がその会社を継がないという決断をすることもあります。とくに、自分は経営者にはなれないと考えているなど、自らの実力に自信がない後継者の場合はそのような傾向があります。

たとえば、親の事業を承継しない理由として挙げられるものとして、「自分には経営していく能力・資質がないから」「今の収入を維持できないから」「雇用者のほうが、収入が安定しているから」などはその典型と言えるでしょう。

では、そのような後継者に対し、自信をつけさせるにはどうしたらいいのでしょうか。まずは、創業社長と後継者との違いを理解することから始めるべきです。創業社長と後継者とでは、そもそものモチベーションが異なります。

創業社長の場合、会社の成長速度と経営者としての実力が、比例して高まっていくのが一般的です。そのため、会社が成長すればするほど、自らの自信も高まり、企業経営を続けていくという意欲が向上していくのです。

一方、後継者の場合は違います。引き継いだ段階では、会社がある程度の規模になっているのにもかかわらず、経営者としてはゼロからのスタートです。責任は重大ですし、不慣れな状況が続くことになります。そう考えると、自信を喪失してしまうのも無理はありません。

小さな成功が自信を生む

そのことは、実際に会社を引き継いだ後も同様です。会社を引き継いだのはいいものの、それまでに経営者としての自信につながる体験がないために、思うような決断ができないこともあるでしょう。そうなると、社員は自由に動けません。

本来であれば、社長になるための後継者育成の段階において、実際の経験を通じたいくつかの「成功体験」を積み重ねておくべきです。たとえ小さな成功でも、その一つひとつが社長としての自信を下支えし、やがて大きな推進力となるためです。

とくに会社経営者には、大きな方針やビジョンをもとにした意思決定力が求められます。

そしてその責任の大きさは、部長や役員よりもはるかに大きく、ときにはプレッシャーに耐えなければならないこともあるでしょう。

そのときに、自分を信じられる成功体験があれば、たとえ失敗しても前に進めるようになります。そして社長としての経験の中で、さらに成長していくことも可能です。そのような経験を経ていけば、やがて会社の規模に自らの能力が見合ってくるはずです。

いずれにしても、会社経営をしていて、まったく失敗をしない人はいません。むしろ、失敗からいかに学べるかによって、経営者としての器が広がっていくものです。その失敗に耐えられる自信は、後継者育成の段階で培っておくべきなのです。

後継者育成は幅広い経験で

では、経営者になるために必要な後継者育成には、どのような手法があるのでしょうか。最も典型的なのは、社内におけるＯＪＴ教育でしょう。社長のもとで仕事をすることによって、実際に仕事を目の当たりにしながら学んでいくのです。

ただ、それだけだと、現社長の姿が絶対的な正解なのだと考えてしまう可能性があります。本来であれば、より幅広い視点から学び、経験し、よりフレキシブルに動ける能力を身につけておくことが肝要です。そのためには、より多くの人に接したほうがいいでしょう。

たとえば、他の企業で修行してみたり、あるいは海外留学をしたりというのもいい経験になるはずです。普段とは異なるものを見て、違う意見に接し、状況に応じた判断力を身につけていく。それが、多様性に満ちた発想力を養います。

また、経営者育成という意味においては、他の経営者から学ぶのもお勧めです。活躍している経営者などに対し、現在の状況や悩み、今後について話すことによって、適切なアドバイスをもらえるかもしれません。そのように、経験者の言葉から学ぶことは多いはずです。

加えて、後継者が実際に新規事業を担当したり、あるいは担当事業部門の事業計画を作成しPDCAを回したりしていくことも大切です。そのような活動と並行して、「経営塾」や「後継者塾」などで経営について体系的に学んでおけば、より得られるものは多くなります。

もちろん、いきなり難しいチャレンジをさせる必要はありません。まずは小さなことから始めてみて、少しずつハードルを上げていけばいいのです。小さな挫折であれば、立ち直るのも容易です。折れた骨のように、その部分はより強化されていくでしょう。

6 事業承継のＰＤＣＡを回していく

事業承継のＰＤＣＡとは

事業承継の実行期に意識したいのは、ＰＤＣＡサイクルを回すことです。ＰＤＣＡサイクルとは、Ｐｌａｎ（計画）→Ｄｏ（実行）→Ｃｈｅｃｋ（評価）→Ａｃｔ（改善）という行動をぐるぐると回していき、その中であるべき姿を模索することを指します。

とくに事業承継の場合、絶対的な正解があるわけではありません。回り道をすることもあれば、後戻りすることもあるでしょう。現経営者と後継者、そして社員やその他の関係者をも巻き込んで行われることであるだけに、道筋は多種多様です。

たとえば、どのタイミングで後継者育成を終了させるのかや、いつ実際に社長交代をするのか、あるいは株の受け渡しや配分構成の再構築など、それぞれの会社によってベストな順序・実行期があります。それは、個別の事情を判断しなければ決められません。

事業承継を意識したときから、何年後には株を受け渡し、何年後には社長が交代し、何年後には次の事業承継を準備するというように、一概に決められないものなのです。だからこそ、現社長と後継者および関係者とのコミュニケーションが欠かせません。

イメージとしては、一枚一枚の瓦を丁寧に貼っていくのではなく、必要な箇所に必要なタイミングで塗っていくペンキ塗りのようなものでしょうか。完璧なプロセスを目指すのではなく、状況に応じてPDCAサイクルを回していくことが、結果的に近道となるのです。

また、事業承継のPDCAサイクルには、後継者が新規事業や担当事業部門の事業計画を作成し、PDCAを回していく「後継者育成のPDCAサイクル」も含まれることを付け加えておきましょう。

プランニングと実行のバランス

実際に行動する際には、プランニングと実行のバランスを考えてみるといいでしょう。最初のうちは、事業承継に割ける時間もそれほどないはずです。行動していく中で、実業と事業承継のバランスを考慮し、進められるところから進めていけばいいのです。

どうしても仕事が手離れしない時期に、無理して事業承継を進める必要はありません。本業に支障をきたすようでは本末転倒です。とはいえ、まったく何もしないというのでは困ります。要はバランスの問題です。

作成した計画を定期的に眺めながら、どのくらい進捗しているのかをチェックし、状況に応じて微調整を加えていく。無理があるようならペースを緩めればいいし、もっと時間がとれるのなら加速させても構いません。ゴールに向かっていればいいのです。

計画を立てると、その流れ通りに進めないと気が済まないという人がいます。ただ、事業承継はあくまでも相手があることなので、思い通りに進まなくて当然です。むしろ、計画はひとつの指標としてとらえ、状況に応じて対応するほうがいいでしょう。

企業経営と同様に、事業承継の状況も日々、変わっていくことが予想されます。その変化に対応せず、マニュアル通りに進めた事業承継は、本来の利点を活かしきれない可能性があります。無理のない範囲で、柔軟に、進めてみてください。

プレ承継が全体の成否を決める

事業承継の実行は、いかにプレ承継をしっかりと行ったかによって変わってきます。もし、事業承継の過程において、途中で頓挫してしまうことがあれば、あらためてプレ承継に戻るということも考えるべきです。それが結果的に、状況を好転させるかもしれません。

ＰＤＣＡサイクルにもあるように、計画や実行だけでなく、評価や改善、そしてさらなる計画の練り直しもまた、事業承継全体として認識し、それぞれのステップごとに見直しながら進めていくのが、事業承継の本来的な姿です。

プレ承継によって集められた情報や作成された計画、個々の数字に関しても、状況によってどう判断するのかは変わっていくはずです。計画ありきという事業承継の進め方では、どこかで不備が生じた場合に、対応を見誤る可能性があります。

だからこそ、いつでもプレ承継に戻れるような意識をしたうえで、事業承継を進めていく。プレ承継が事業承継全体を決めるということを前提にＰＤＣＡを回していくのです。その過程の中で、現経営者から後継者へと、権限の割合を少しずつ移行していくのもいいでしょう。

プレ承継の段階で、きちんと事業承継後を見据えられるかどうかが、事業承継の実行に影響を与えます。そして事業承継の実行は、次のプレ承継を準備することにも結びつきます。全体の流れはそれぞれが連関し、１００年企業創出につながっていくのです。

機械設備製造業を営むF社の事業承継

機械設備製造業を営むF社の場合も、事業承継の準備を進めてくることができないまま、後継者への引き継ぎがなされた事例です。

とくに日本の製造業は、「下請け構造」となっています。発注元である大手企業があり、全体のプロセスにおけるひとつの工程として、中小企業が仕事を請けているケースが非常に多いのです。そのことも、後継者にとっては負担となります。

なぜなら、会社の将来を考えたとき、この下請構造から脱しない限り、厳しい競争の中で勝ち抜いていくのが難しいからです。下請けと聞くと「安定している」と思う人もいるかもしれませんが、その実、将来への不安は大きいものです。

社長としての修行期間や正しい引き継ぎプロセスを経ないまま、新しい社長として、過酷な下請け競争を勝ち抜いていくのは至難の業です。当然、経済状況やニーズの変化によって、コストの削減や単価の値下げなどを要求されることもあるでしょう。

そのような状況を打開するために、社長としての経営手腕が問われます。場合によっては、新しい営業先を開拓することも必要となる可能性もあります。事業承継のプロセスをきちんと経ていなければ、結果的に、後継者とその後の会社が苦労することになるのです。

F社の場合は、後継社長が後継者としての経験を重ねる中で、単なる下請けから「（親会社が）切れない下請け」を目指し、親会社との共同研究や共同商品開発をする地位を確立することができました。

製造業の厳しい下請け構造

下請け企業の場合、「一次下請け」「二次下請け」「三次下請け」というように、より下部にいけばいくほど、下請け企業としての構図が強く反映していきます。その分、仕事に対する要求も厳しくなることが想定されます。

とくに近年、商品やサービスのトレンドが目まぐるしく変わり、製品ライフサイクルの期間も短くなっています。その点、下請け企業であれば、新しい製品に使用するパーツやツールなどを開発するよう要求されることもあるでしょう。

そのような場合であっても、その企業にしかできない独自の技術があったり、あるいは新しい付加価値を生み出せたりする企業であれば、大手企業からの要求にも柔軟に対応できるはずです。後継社長としては、そのような位置を目指す必要があります。

そうではなく、ただ与えられる仕事を請け負っているだけでは、いずれ切られてしまう可能性も否定できません。そうなる前に、会社の将来を見据えて、より戦略的に会社を運営していくことが、後継社長には求められているのです。

事業承継が不十分なまま、社長職に就いた後継社長にとって、それだけの戦略的な企業運営が果たしてできるのでしょうか。やはり、正しいプロセスを、時間をかけて実践することにより、後継社長としてのスキルを身につけておくことが肝要です。

後継社長が会社の価値を高めていく

もちろん、将来的には、取引先を増やしていくことも欠かせません。現在の取引先だけでなく、新しい顧客を開拓することができれば、不測の事態にも対応することが可能となります。そのためには、社長自身にも、営業力が求められます。

当然のことながら、新しい取引先を開拓するのは容易ではありません。とくに、大手企業の製造ラインを考えてみればわかるように、取引先の企業を変えることによって、生産性が落ちてしまうこともあります。その点、新規開拓には何らかのメリットが必要です。

場合によっては、製造工程そのものを変更するための、魅力的な提案をしなければならないこともあるでしょう。さまざまな障害を乗り越えて、取引先を変えてでも一緒に仕事をしたいと思ってもらうには、それだけの努力が欠かせません。

同時に、既存の取引先には、より良い条件で仕事を請け負えるような交渉も続けていく必要があります。現状を維持し、それをさらに良くしつつ、新しい顧客も開拓していく。後継社長としてやるべきことは、実にたくさんあるのです。

そのためには、自社について知っていることはもちろん、業界の特性や将来性、今後の動向についても注視しておくべきでしょう。それらを踏まえて、社内の体制にも工夫が求められます。下請け企業であっても、安泰ということはないのです。

第7章

「親子でM&A」が会社の未来を拓く！

1 M&Aを生かした事業承継で「第二創業」は実現できる

事業承継で第二創業を実現する

無事に事業承継を終え、後継者が新しい社長に就任できてからは、「ポスト承継」の段階へと移っていきます。この段階においては、既存の価値を引き継ぎつつ、後継者（新社長）が社員と一丸になって会社を前に進めていくことが求められます。

たとえ会社をそのまま引き継いだとしても、事業をそのまま続けていけばいいわけではありません。むしろ、未来を見据えてどのように変われるのかが勝負となります。これまでの商品やサービス、強みや武器を活かしながら、より時代にマッチした会社へと生まれ変わるのです。

その意味においては、事業承継を経た会社は「第二創業期」にあると言ってもいいでしょう。第二創業とは、言葉の通り、創業時のように新鮮な状態をあらためて取り戻すという意味です。その意味においては、会社が生まれ変わるようなイメージでしょうか。

トップが変わり、役員が変わり、会社の目指す未来、あるいはあるべき姿が変わっていけば、会社全体の雰囲気も変わります。創業時のように、あらためてここからスタートするという社長の意気込みが、社内全体にも活性化をもたらします。

事業承継と言ったとき、つい「いかにして社長交代を実現するか」ということばかりに注意が向いてしまいますが、本当の勝負は、次の社長が会社をより成長させられるかどうかにかかっています。事業承継そのものは、そのための手段でしかないのです。

企業における第二創業とは

30年ほどでひとつの事業サイクルが一回りし、商品・サービスが陳腐化していくことを考えれば、事業承継を経て、第二創業による企業の刷新は不可欠です。これまでのやり方をそのまま踏襲するだけでは、事業承継ではなく、単なる〝社長交代〟でしかありません。

だからこそ、後継社長としては、あたかも自分が創業したような気持ちで会社をつくり上げていく必要があります。会社としてはゼロからのスタートではありませんが、再びベンチャー・スピリットを持って、前進していくことが求められます。

商品やサービスにしても、新しいものを生み出していかなければなりません。あるいは、ビジネスモデルそのものを緩やかに転換する必要があるでしょう。さらに30年先を見据えたとき、同じような商品、サービス、ビジネスモデルは通用しないはずです。

社会から必要とされていないにもかかわらず、同じような価値を提供しようとしていても、顧客からは評価されません。新しい価値を加えていくか、あるいはまったく違う価値を提供するかといった変化がなければ、やはり会社は衰退していくだけなのです。

その点、事業承継はチャンスとなります。後継社長のもとで組まれた新体制により、会社が大きく変わることができれば、次の時代を担う新しい主力事業が生まれるかもしれません。それも踏まえて、第二創業をとらえる必要があります。

承継する度に進化する企業へ

望ましいあり方としては、事業承継を経るたびに、会社が新しくなっていくことです。20年ないしは30年ごとに事業承継が行われ、トップを中心とした社内の刷新が行われるとともに、会社が第二、第三の創業期を迎えていく。そうすれば、会社が古びることはありません。

ポスト承継を新しい創業期ととらえれば、そのたびに、成長を加速させることも可能でしょう。会社の価値を見える化し、それらを丁寧に引き継ぎ、時代に合うようにカスタマイズしていけば、ビジネスモデルの陳腐化も恐れることはありません。

むしろ、変化していくことが新たなビジネスチャンスにつながる可能性もあります。それまで見えてこなかった自社の強みが見えてきて、そこに新しい社長や社員のスキルが付加されることによって、価値の創造につながります。

もちろん、残すべきものもあれば、英断によって捨てるべきものもあるかもしれません。前任の社長がどうしても捨てられなかった技術や商品も、厳しい経営判断を経て、会社のために取捨選択することも大事なことです。

会社の成長において、規模を拡大することも大事ですが、不必要なものを整理することもまた欠かせません。これまでの成功にとらわれるのではなく、未来のために環境整備を進め、今と未来の会社をつくる。ポスト承継で実現すべきなのは、まさに未来そのものです。

2 後継者は社員と一緒に汗をかくことが大切

事業承継は社員とともに

多くの創業社長と接していると、創業者の特性として、自らの能力や資質、あるいはカリスマ性によって会社を成長させてきた方が多いように感じます。立ち上げの段階では少人数、あるいはまったくのひとりで会社を立ち上げている方も少なくないでしょう。

そのように、経営者の能力やスキルを土台にして成長してきた会社は、事業承継を経た後は、そこから脱却しなければなりません。なぜなら、持続可能性に乏しいためです。事業承継による社長交代で、成長力が鈍化することは避けるべきです。

少なくとも周囲から「社長が代わってから会社が停滞した」という評価がなされないように注意しなければなりません。そのためには、社長個人の能力で支えてきた成長を、後継者を中心とした会社全体の能力で支える必要があるのです。

極端な話、誰が社長に就任しても、それなりの実力を発揮できる組織へと変わらなければなりません。そこに、新しい社長の能力や資質が加わることで、さらなる加速を生み出せます。つまり、カリスマ経営から全体経営・組織経営への脱皮です。

その意味において、事業承継は会社全体で行われるべきものであり、かつ社員とともに行われるべきものとなります。ポスト承継の段階では、実際にそのような形で事業を進められるようにしておかなければならないのです。

社員を巻き込んで事業承継を進めていく

ただ、社員を巻き込んで事業承継を進めていくのはそう簡単なことではないでしょう。事業承継に賛成してくれる人もいれば、反対する社員もいるはずです。経営層にしても、考え方は異なる可能性があります。それをまとめるのは至難の業です。

その中でも、想いを共有しているポイントとしては、「会社のために」ということではないでしょうか。交代する社長にしても、後継社長にしても、あるいは現場で働く社員にしても、会社のことを考えているのは同じです。その点に着目するべきです。

会社のことを考えているからこそ、事業承継が必要であると理解してもらい、そのためには会社を変えていく必要があると納得してもらう。そのような経緯を腹落ちしてもらう双方向のやりとり、コミュニケーションが、ポスト承継を成功へと導きます。

ポスト承継がうまくいくということは、次の承継までもスムーズに進む可能性が高まります。しかも後継者は、事業承継を経験しているので、さらに次の事業承継をする際にはその知見を活かすことができます。そのようにして、脈々と事業を引き継いでいけるのです。

また、役員を含む他の社員についても同様です。事業承継の経験を経ている人が増えれば、社内にノウハウが蓄積されていき、その蓄積されたノウハウが、一つひとつの事業承継をより確度の高いものにしてくれます。

現場にも足を運ぶこと

現経営者と後継者のみが「事業承継を経て経営革新を実現しよう」と意気込んでいても、全社的な変革を実現することはできません。現場をも巻き込んで事業承継をするためには、「なぜそうするのか」という裏側にある想いを共有する必要があります。

第二創業を迎えるにしても、これまでのやり方を続けていくことへの危険性や、新しく進化することの必要性を現場が認識していなければ、会社はそう変わりません。しかし、全社一丸となって行動することにより、変化のスピードは急速にあがります。

事業承継によって、継続していくものもあれば、捨てなければならないものもある。それらの取捨選択をするのは経営者の役目ではありますが、そこに至るまでの想いをないがしろにしたまま、改革を断行することはできないと肝に銘じておきましょう。

当然のことながら、後継社長はどんどん現場にも足を運ぶことです。役員として社内に入っていても、きちんと想いが伝わっているとは限りません。とくに、会社の変革期を迎えるにあたり、変化に耐えられる組織をつくるには、同じ方向を向いている必要があります。

観念的になるのではなく、机上だけで物事を進めるのでもなく、会社が新しくなるのに合わせて、みんなで会社を変えていくという気運を醸成するのです。ポスト承継後の成長を見越し、全社的な意思疎通のあり方についても見直すといいでしょう。

3 会社を継ぐとき子は親にお金を払うべき?

M&Aとしての事業承継

一般的なM&Aにおいては、事業を売却・買収した後、金銭の授受が行われます。その企業の価値に見合った金額を支払うことによって、買収が完了するわけです。「親子でM&A」においても、そのような発想は同様にあります。

つまり、前任の社長が交代するにあたり、何らかの形で金銭を支払うということです。代表的なのはやはり「退職金」という扱いでしょう。それまでの功績に見合った退職金を支払うことによって、現社長と後継社長の双方が納得して交代できるようになります。

ただし、退職金の問題で揉めるケースは少なくありません。後継社長としては、つい目先の会社経営について考えてしまい、支払いを渋ってしまうことが多いのです。経営者の退職金は高額になることも多く、無理もないことでしょう。

しかし、そこで退職金を支払わない姿勢にでてしまうと、現社長としても納得できません。とくに、後継社長が新しく会社を進化させていきたいと考えているならなおさらです。「それなら、自分の言うことを聞いて経営しろ」と言われてしまうかもしれません。

そのような事態を避けるためにも、M＆Aの本質を思い出し、退職金を必要経費として認識するべきではないでしょうか。プレ承継の段階からきちんと準備しておけば、支払いで困ることもありません。事業承継の計画性は、こうしたシーンでも生きてくるのです。

会社の価値は株式で表される

きちんと退職金を支払うからこそ、現社長もきっぱりと経営から離れられます。それがけじめになるわけです。そうでないと、会長として会社にとどまるなど、院政を敷くようなことにもなりかねません。それでは、フレッシュな第二創業とはならないでしょう。

とくに会社の価値は、株式に表れます。その意味では、現社長が保有している株式を、後継社長が買い取るというのもひとつの方法となるでしょう。株式を贈与するのではなく、まさにM＆Aのように交渉を経て取り引き（売買）するのです。

このとき、支払うべき金額についても、単に双方が希望する提示額をもとに交渉するだけではなく、会社の価値を試算したうえで行うといいでしょう。目に見える数字から計算した数字であれば、お互いに感情的な議論になることなく、冷静にそして客観的に判断できるはずです。

親子間での取引に抵抗がある方もいるかもしれません。しかし、会社の引き継ぎは〝親子間の関係性〟のまま行うものではありません。いくら血がつながっているからとはいえ、第三者の視点を維持したまま行われるべきものです。

その点、M＆A方式の株式譲渡は、退職金の支払いという意味も含まれているため非常に合理的です。金額が折り合わず、事業承継がなかなか進まないというケースでは、あらためてM＆Aの手法について参考にしてみるといいでしょう。

双方が納得できる社長交代を目指して

引退する社長が株式を保有しているままだと、会社の経営が不安定なものとなってしまいます。事実上は引退していたとしても、株式を保有していることが発言力を生み、結果的に院政を敷くような形式になってしまう可能性もあります。

そもそも株式とは、会社に対して議決権を行使するためのものであり、その会社の持ち分をそのまま表す指標にもなります。とくに中小企業であれば、実際に経営者が最も多く保有することにより、経営のバランスが保てます。

会社法の仕組みを考えてみてもわかりますが、会社の役員を決めるのは株主総会ですし、また株主総会で議決権を行使するのは株主です。株主と代表取締役が乖離している状態を避けることは、中小企業の基本的なあり方と言えるでしょう。

「所有と経営の分離」を追求する株式会社のあり方は、あくまでも大企業や上場企業に向いています。中小企業の良さがスピード感や柔軟性にあるとすれば、所有と経営が一致しているという点を重視するのは当然の帰結と言えます。

もちろん、個々の企業における事情から判断して、株式の売買という方法でも、あるいは退職金を支払ったうえで贈与してもらう方法もあります。いずれにしても、最終的には後腐れがないように、お互いが配慮することが求められます。

4 誰が見ても継ぎたい会社をつくり上げる

いい会社づくりが根底にある

後継社長は、ポスト承継の段階から、その次の事業承継をも意識した会社づくりを始めていくことになります。そこには、現状の会社をさらに成長させることに加え、その先を見据えた仕組みづくりも加わります。

一代だけの事業承継であれば、お互いが相談をし、時間をかけて交代へと至ることも可能です。会社として変われるかどうかはともかく、事業承継の形だけは整えられるでしょう。ただ、二代、三代の事業承継となると、事はそう簡単ではありません。

とくに、三代目以降になると、創業当時の理念や想い、事業にかける熱意なども薄れていく可能性があります。「初心忘るべからず」という言葉もあるように、初心を忘れてしまった結果、当初の謙虚さを失うことは避けなければなりません。

その意味において、「売り家と唐様で書く三代目」というのは的を射ていると言えるでしょう。もちろん、必ずそうなるというわけではありませんが、注意するに越したことはないでしょう。つねに、いい会社づくりという本旨を忘れないようにすることです。

誰が見ても引き継ぎたいと思えるような会社づくりをしていれば、会社の価値を引き継ぎつつ、創業の理念をも継続することは可能です。そうすれば、子どもはもちろん、第三者も会社を継ぎたいと思ってくれるはずです。

100年・200年企業を目指すために

ゴーイング・コンサーン（永遠に継続する企業）を前提とする企業経営のあり方は、「親子でM&A」の基礎となっています。ゴーイング・コンサーンの仮定があるからこそ、社員は安心して働くことができ、投資家も安心して投資することができます。

「親子でM&A」においても、そうした発想が根底にあります。たとえば、100年を超えて続いていく企業は特殊なのではなく、きちんと事業承継をしていれば、当然のように実現できると考えます。

そしてそのためには、ポスト承継でどのような活動をするかにかかっているのです。

ポスト承継によって魅力度を高めた企業は、事業承継が当然のように連鎖していきます。ノウハウが蓄積され、やがて事業承継があたり前になり、脈々と事業が受け継がれていく。そのような仕組みが老舗企業には自然と構築されているものです。

一代で30年と考えても、四代の事業承継を経れば120年。七代目には200年を超える計算となります。企業ではありませんが、江戸幕府が300年の歴史を誇ることができたのも、後継者問題にきちんと対応していたからと見ることができます。

長く続けていくためには、それを受け継いでくれる人の存在が欠かせません。そして会社の場合、後継者候補がその企業を引き継ぎたいと思えるような環境整備および仕組みづくりが不可欠です。企業の魅力が高まれば、後継者候補に困ることもありません。

理念に裏付けされた企業の魅力

会社の魅力と言ったとき、つい会社の規模や売上、社員数などを意識してしまうことがあるかもしれません。しかし、規模が大きければそれだけで魅力的かというと、そうは言い切れないでしょう。大切なのは、その会社が掲げている「理念」にあります。

どんなに規模が大きくても、掲げている理念に共感できなければ、後継者はその企業を引き継ぎたいとは思いません。正しい理念を掲げ、社会に対して価値を提供し、人々の問題を解決できる企業だからこそ、魅力を感じるはずです。

とくに優秀な人であれば、報酬という面だけではなく、社会に対するインパクトについて考えるのではないでしょうか。イノベーションを起こして社会を変えていく企業には、つねに優秀な人材が集まっています。そしてその裏側には、必ず理念があるのです。

ユニクロを運営するファーストリテイリングは、ステートメントとして「服を変え、常識を変え、世界を変えていく」を掲げています。山口県の個人営業であった小郡商事を世界的な企業へと発展させた背景には、そのような理念があったのです。

また、世界中の流通に革新をもたらしているAmazonの理念は、「地球上で最も豊富な品揃え」そして、「地球上で最もお客様を大切にする企業であること」です。その理念にふれただけで、魅力的な企業であると思ってしまう方もいるのではないでしょうか。

5 長く続く会社は不動産賃貸で稼いでいることも

長寿企業の秘訣とは

日本にはさまざまな業種業態の長寿企業が存在しています。東京商工リサーチが発表している「全国『老舗企業』調査（2016）」から、老舗企業の業歴ランキングを見てみましょう。表2の通りです。

1位の「金剛組」が建築工事業であるのに対し、2位の「池坊華道会」は生花・茶道教

表2　老舗企業の業歴ランキング

順位	商　　号	都道府県	業歴	創業年	業　　種
1	㈱金剛組	大阪府	1439	578	木造建築工事業
2	一般財団法人池坊華道会	京都府	1430	587	生花・茶道教授業
3	㈲西山温泉慶雲館	山梨県	1312	705	旅館、ホテル
4	㈱古まん	兵庫県	1300	717	旅館、ホテル
5	㈲善吾楼	石川県	1299	718	旅館、ホテル
6	㈱田中伊雅	京都府	1128	889	宗教用具製造業
7	㈱ホテル佐勘	宮城県	1017	1000	旅館、ホテル
8	㈱朱宮神仏具店	山梨県	993	1024	宗教用具小売業
9	㈱高半ホテル	新潟県	942	1075	旅館、ホテル
10	須藤本家㈱	茨城県	876	1141	清酒製造業

※ランキングは宗教法人および日本標準産業分類中分類93（政治・経済・文化団体）以降を除く。

東京商工リサーチ調べ

室、そして3位以降は旅館・ホテルが続いています。全体的に旅館・ホテル業が多いものの、業種によって長く存続しやすいというわけではなさそうです。

　では、長寿企業の秘訣はどのあたりにあるのでしょうか。やはり、社会のニーズに対応しており、伝統を踏襲しつつ、きちんと事業承継を経ていることだと考えられます。事業承継をしていなければ、世代を超えて繁栄できるはずもありません。

　また、視点を変えてみると、事業承継によって新たな収益源を確保している企業もまた、長寿企業になりやすいと考えられます。それは既存のビジネスモデルを進化させるということだけでなく、より長く続くであろう新規ビジネスに参入することも含まれます。

たとえば、老舗企業の上位に旅館・ホテルが多いのは、それが不動産ビジネスと結びついているからとも考えられます。有望な土地を押さえているからこそ、その地で長く発展することができる可能性もあるのです。

そのような視点も、長寿企業の創出には役立ちます。

収益源としての不動産賃貸業

映画『ファウンダー ハンバーガー帝国のヒミツ』では、「マクドナルド」の創業者であるレイ・クロックが、自らの事業を食品業ではなく不動産業であると語っています。具体的には、食品を販売する店舗の運営から、フランチャイズ（FC）展開へとビジネスモデルを転換した結果、大きな成功をおさめたのがマクドナルドである、ということです。

考え方としては、土地と店舗を本部が所有し、フランチャイズ契約を結んだオーナーにそれらを貸し出すというものです。その結果、店舗名や運営システムを貸し出しつつ、地代としてのロイヤリティを得られるようになるわけです。

似たような発想によって、ビジネスを大きく発展させている業種はたくさんあります。

小売の代表といえばコンビニエンスストアでしょう。セブン‐イレブンなどは、親会社のイトーヨーカドーを上回る規模にまで成長し、今では「セブン＆アイ・ホールディングス」になっています。

もしイトーヨーカドーが、そのままの業態で事業を続けていたらどうなっていたでしょうか。少なくとも、現在のような発展はなかったはずです。同じ商品を販売するにしても、社会のニーズを的確にとらえ、ビジネスモデルを転換させるという発想は大切です。

また、中小企業の中には、本業とともに不動産賃貸業を行っている企業もあります。不動産賃貸という中長期的なビジネスを組み込むことで、経営を安定させているのです。このように、長寿企業を生み出す方策にはいろいろな視点があるのです。

新規事業を取り入れていく

後継者が引き継いだポスト承継期には、長寿企業を見据え、新しいビジネスを考えてみるのもいいでしょう。既存の事業とのバランスを考慮し、今後のリスクに備えるためにも、収益源を増やすという発想は大切です。

社長が交代することも大切ですが、収入が不安定なままではやはり、事業を継続することはできません。その都度、新しい経営者がビジネスモデルの転換、あるいは古い体制からの脱却を図れば、それだけチャンスは広がるはずです。

どんなビジネスであっても、発想を変えることによって進化させることは可能です。むしろ、狭い視野を広げるために、新しい経営者の発想力や、外部の人間からアドバイスを受けるということも積極的に行うべきでしょう。

新しい視点が入ることによって、ビジネスモデルはどんどん変わっていきます。とくに近年では、技術的な進化と情報革命により、変化のスピードは加速度的に高まっています。変わるチャンスはつねにあるのです。

安定収入があり、挑戦できる体力があるからこそ、企業は発展していくことができます。その源泉は企業の成長であり、持続的なリスクへの対応力でもあります。ポスト承継期には、リスクとチャレンジの双方を考えてみてはいかがでしょうか。

6 「継いだはいいけど辞めたいな」というとき、どうする?

後継者は承継後が正念場

事業を承継した後に、社長として仕事をしていく中で、「やっぱり社長として会社を率いていくのは難しい」と感じることもあるかもしれません。机上で議論をするのと、実際に行動するのとでは、感じ方も異なって然るべきでしょう。

ただ、そのままズルズルと社長職にとどまっていれば、会社経営に支障が生じてしまうかもしれません。場合によっては、業績が悪化してしまう可能性もあります。そうなる前に、何らかの手を打たなければなりません。

そのようなときに大切なのは、必ずしも身内での事業承継にこだわらないことです。無理に身内だけで事業承継しようとすると、会社を引き継げる人がいなくなり、結果的に廃業せざるを得なくなることも考えられます。それでは、残された人に迷惑がかかってしまいます。

そこで、事業承継した後に経営者を辞職するのなら、社内の人材はもちろん、社外の人材も含めた幅広い候補者を探すようにするといいでしょう。選択肢としては、会社をたたむということだけでなく、より広い視野を持って持続可能性を探るべきです。

それは事業承継そのものにも言えることで、少なくとも、選択肢は無限にあるはずです。それを無理に狭めようとするからこそ、どこかで無理がでてしまう。最初から「絶対に子どもがいい」などと決めず、また何かあったときも、柔軟に対応できるのがベストでしょう。

会社を売却するという選択も

もちろん、それまで事業承継の過程で得られてきたものは、どのような形に向かうとしても活用するべきです。事業承継のプランを立て、着実に実行してきたとしても、会社を売却するという決断に至ることもあるでしょう。

そのようなとき、現状把握やプレ承継、あるいは事業承継の実行期にまとめられた情報は、そのまま会社を売却するための資料にもなります。会社を売却し、成長した後継者によって新しい会社を設立するというのもひとつの方法です。

ただ、会社を売却するにしても、きちんと資料がそろっていなければ交渉を有利に進めることはできません。情報を開示し、魅力的な会社だと見せるためには、必要な情報をあらかじめ精査し、見える化しておかなければならないのです。

その点、「親子でM＆A」の過程が無駄になることはありません。親子で事業承継ができることをベストとしながらも、あらゆる可能性に対応でき、かつ物事を有利に進められるという意味において、それまでの行動には意義があるのです。

後継者が会社を引き継いだ後であっても、周囲と相談しつつ、会社をたたむべきという判断がなされることもあるかもしれません。そのような事態において、無理に会社を存続させるというのではなく、前向きな廃業を視野に入れることもまた、経営者としての柔軟性と言えるでしょう。

その都度じっくり精査しておくこと

企業経営は、何が起こるかわかりません。不測の事態がつねに発生し、状況に応じて、適宜・適切に対応することの連続です。その意味において、あらゆる可能性を排除することなく、対応できる体制を整えておくことが求められます。

大切なのは、いつでも選択肢を広げられるようにしておくことです。事業承継を経て経営者になった後も、実力不足を痛感しつつ会社を傾かせてしまうこともあるかもしれません。そのような場合でも、サポートしてくれる人がいればいいのです。

場合によっては、一時的な措置として、ファンドの人間に代表を務めてもらうのでもいいわけです。会社のことを考えれば、無理に代表にとどまるのではなく、プロの経営者に参加してもらうというのは妥当な判断と言えます。

経営状況が改善し、自らも経験や知見を高めたうえで、あらためて経営者として復帰しても構いません。「自分ひとりしかいない」と思い詰めてしまうと、最適解を除外して考えてしまう恐れがあるため、会社のためにならない可能性もあるのです。

たとえ辞めたいなと思っても、一度、立ち止まって考えてみる。そして、最良の方法を周囲とともに検討し、会社の状況を俯瞰してみる。そうすると、できることはたくさんあると気づけるはずです。あらゆる可能性を除外しないようにしてください。

7 承継後の未来像とキャリア

承継後のキャリアについて

ポスト承継において考えるべきなのは、新しく経営者になった後継社長およびその後の会社についてだけではありません。事業を承継した、前任の社長におけるその後についても考えておくといいでしょう。つまり、引退後のあり方についてです。

いくら事業承継しなければならないと言っても、社長の座を譲るだけというのでは、交代していく社長にとって夢がありません。社長を交代しても、人生はまだまだ続いていきます。経験が豊富であり、かつ活力もあるのであれば、その後の活動についても考えるべきでしょう。

いうなれば、引退した社長における「承継後のキャリア」です。こと事業承継について考えるとき、どうしても会社を中心に考えてしまいますが、本来は、人を中心に考える必要があります。なぜなら、人の存在なくして会社は成り立たないからです。

それは前任の社長においても同様で、会社を去るからといって、その後についてまったく考えないというのは無責任ではないでしょうか。退職金を支払ったらそれで終わりというのではなく、その後のキャリアについても一緒に考え、気持ちよく送り出したほうが気持ち的にもスッキリします。

創業社長として会社を成長させてきた経歴があるのならなおさらです。その経験や知見を求めている人はたくさんいるはずです。だからこそ、次のキャリアを考えつつ、新しい舞台へと旅立てる見通しを立てておくことが大切です。

社会に対する経験・価値の還元

人生１００年時代と言われている現代において、年齢はひとつの指標でしかありません。30歳から始めた事業を60歳で引退したとしても、１００歳までは残り40年も残されています。社長を交代した後も人生は長いのです。

承継後のキャリアについては、さまざまな方向性が考えられます。会社経営者としての手腕と経験を活かして新会社を設立してもいいですし、いくつかの企業の顧問になってもいい。あるいは若い人と議論できる場をつくってもいいでしょう。

気力と体力があるのであれば、講演やセミナー、あるいは執筆活動なども並行しつつ、次世代の経営者育成に従事するという方法もあります。それこそ、考えれば考えるほど、やれることは無限に存在しています。

これから先、日本全体で生産年齢人口（15歳以上65歳未満の人口）が減少していく中で、日本の産業を支えていくのは女性、外国人、そして高齢者です。ひとつの会社を引き継いだ後も、まだまだ活躍してもらわなければ困ります。

本人としても、それまでに培われたスキルや知見を世の中に提供していくことによって、人生がより豊かなものになるはずです。いつまでも後継者に社長の座を譲らないというのではなく、次のステップを見据えて、早めに行動するという方法もあるのです。

人生100年時代を見越して

ポスト承継の中には、ぜひ、現社長における承継後のキャリアも加えてください。きちんとプランができていれば、後継社長が支援できる部分もあるかもしれません。また、それが結果的に、会社のためになる可能性もあります。

元経営者ではありませんが、ソニーのOB社員が会社を設立し、ソニー製のロボットペット「ＡＩＢＯ（アイボ）」の修理を担っている事例があります。千葉県習志野市にあるＡ・ＦＵＮ社の代表、乗松伸幸さんです。

そもそもＡＩＢＯが誕生したのは１９９９年のこと。その後、２００６年に販売が終了（２０１７年に復活）するまで、多くの人に愛されていました。ただ、修理やサポートが不足しており、その点をＡ・ＦＵＮ社が担っていたのです。このように、会社を離れてからも、協力関係を築ける場合もあります。

もちろん、必ずしも元の会社に報いる事業をする必要はありません。これまでとはまったく異なる業種・業態にチャレンジしてみるのもいいでしょう。ベンチャー企業創業者の中には、数々の創業を経て、いわゆる「シリアル・アントレプレナー（連続起業家）」になる人も少なくありません。

たとえそこまでの展開を考えていなくても、社長引退後のキャリアについて幅広い可能性があるとしたら、それだけで生きがいが増えるというものです。仕事を通じて社会と関わっていくあり方は、金銭面だけでなく、人生の質そのものを高めてくれるものなのですから。

事例にみる事業承継のポイント⑦

食品加工業を営むG社の事業承継

食品加工業を営むG社の後継者は、まだ20代後半の若者です。現役の社長である父親は60代半ば。まだまだ働き盛りの年齢ではありますが、すでに、5年後の事業承継が決まっています。その点、お互いの意思疎通はできていると言えそうです。

ただ、後継者としては、それまでに何をすればいいのかがわかりません。5年間の猶予があるだけに、それまでの期間をいかに有効活用すればいいのかと悩んでしまったのです。将来的に社長になるとした場合、このように考えるのはとても重要なことです。

そこでこの方は、まず、経営の勉強をすることにしました。経営全般について学ぶことによって、会社とは何か、社長は何をするべきか、将来にわたってどのように会社を運営するべきかを知ろうとしたのです。もちろん、日々の仕事と並行しながらです。

役員として会社に入ったり、あるいは現場を通して社長業というものを知ったりすることも大切です。ただ、それだけでは埋まらないギャップもあります。とくに、座学でしか身につかないことを、猶予期間で学んでおくのは効果的でしょう。

その際、ひとりではなく、他の経営者あるいは経営者候補とともに学ぶことによって、モチベーションや向上心が上昇することもあります。ケーススタディの解説やワークショップを展開しているイベントに参加するなど、できることはたくさんあるのです。

刺激を受けながら経営について模索する

会社の中で学ぶことと、会社の外で学ぶこととは、明確に分けておく必要があります。それぞれに意義があるだけに、どちらかに偏ってしまうのではなく、バランスよく取り入れていくのが理想的です。そうすることによって、視野がより広がります。

その点、ケーススタディや、ワークショップを通じて議論したりするなど、体験型の学びはとても重要です。社内の実務とは異なり、業種や業態、あるいは業界を越えていろいろな企業の経営を学ぶことができれば、それが経営者としての幅を広げてくれるのです。

また、他の経営者とともに学びを深めていくことは、将来の人脈形成にも貢献する可能性があります。社長特有の悩みは、やはり社長にしかわかりません。いざというときに相談できる仲間がいれば、心強くもあり、また競争心も高まります。

「経営はアートである」という言葉もあるように、数字やサイエンスの部分だけでなく、感覚を磨くことも大切です。そしてその感覚は、自らの小さな失敗（経験）はもちろん、数多くのケースを知ることによって養われていきます。

いろいろな人から刺激を受け、ともに意見をぶつけ合い、ディスカッションの中で深められていく自らの意見やビジョン、思考というものは、実際に社長になってからも大いに役立つはずです。それを猶予期間に養うことができれば、大きな武器となるでしょう。

期間を明確にすることでやるべきことが見えてくる

G社の場合、事業承継をするタイミングが5年後と明確になっているのがポイントです。このように、事業承継の時期があらかじめ明らかになっていれば、現社長としても、後継社長としても、やるべきことが見えてきます。

何も意識しない5年というのはあっという間ですが、課題を明確にし、何を学ぶべきなのかをしっかりと把握していれば、得られるものはたくさんあるはずです。

もちろん、知見や知識だけでなく、心構えという側面からも成長できることでしょう。

とくに後継者の方は、「いつになったら事業承継をしてくれるのだろう」とわからないまま仕事をしているケースが多いように感じます。そのような期間が不明確な状態を放置しておくことは、自分のためにも会社のためにもなりません。

また、現社長としても、事業承継の準備をきちんとできていないまま、後継者に引き継ぐのは不本意なはずです。できることなら、会社の価値をしっかりと理解してもらい、さらに発展させてもらいたいと願っているのではないでしょうか。

まずは、事業承継までの期間を明確にしてみましょう。そのうえで、現社長と後継者が何をやるべきなのか、それぞれ考えてみることです。意識すれば、それだけで日々の仕事が変わってきます。それが、新しい一歩を踏み出すきっかけにもなるのです。

第8章

親子でつなぐ100年企業への〝夢のバトン〟

1 20年間で300件の事業承継をやってわかったこと

事業承継は会社を続けていくための手段

税理士として事業承継の業務にあたっていると、税金の視点であったり、あるいは株式・株価の視点で取り組んだりすることが多いように感じます。いずれも事業承継において重要なポイントではありますが、ただ、会社経営の本質ではありません。

そもそも会社には経営者、従業員がいて、取引先や営業先、あるいは顧客など人がいてこそ成り立ちます。そしてそういった関係者が多ければ多いほど、可能な限り続けていくことによって、社会に貢献できる存在となれるのです。

そこに、会社の存在意義と会社経営の醍醐味があります。税金や株式というように、重要なことではあるけれど本質ではないところに目を奪われてしまえば、企業としての永続性を保つことは難しいのではないでしょうか。

そのような意味において、私は「事業承継」という言葉自体があまり好ましいものだと感じていません。事業承継という言葉は、税金対策や自社株対策の意味合いを多分に含んでいます。「親子でM&A」という概念を創設したのも、そうした背景があってこそなのです。

会社を存続させるために必要な金銭的な整理や手続き、事務作業はあるにしても、それらは情熱や情念、あるいはパッションを駆り立てるものではありません。そのような視点が見落とされがちな事業承継を、変えていきたいと考えています。

ファンの獲得が何よりも大事

会社が長く続いていくというのは、それだけその会社を愛してくれている人がいるということにほかなりません。会社を法人として見たときに、自然人としての人がどれだけその法人のことを愛してくれる人を増やせるか。企業経営とは、それが目的とも言えそうです。

言い換えれば、ともに会社を進めていくために不可欠な「ファン」をいかに獲得できるか、ということです。社内外に会社のファンがいれば、社会情勢がどのように変化していったとしても、変化に応じて耐え抜くことが可能となります。

ファンとはつまり、顧客であり、社員であり、社長であり、さらにはその会社に関係するすべての人を含みます。その多くは利害関係が前提となってはいるものの、論理的な部分だけでなく、感情の部分においてもその企業とプラスな関係性を築いているものです。

ただ、いかにファンを獲得していけばいいかについては、会社の状況に応じてさまざまです。伸び盛りの企業であれば規模の拡大が求められるでしょうし、数値的な部分での向上も必要となります。一方、成熟した企業であれば、変革が必要となるはずです。

いずれにしても、ファンの獲得に必要な施策を細分化し、事業承継を経る中において、それぞれのタイミングでできることをやっていくしかありません。そうしていくうちに、長寿企業が生まれ、さらに次の世代へと価値を提供できるようになるのです。

行動することによって100年企業が生まれていく

どうすれば長寿企業を生み出せるのかがわかっても、実際に行動しなければ、企業が存続し続けられることはありません。トップはもちろん、現場の社員が適切な行動というものを理解し、それらを事業承継によって引き継いでいく努力が欠かせません。

こと会社において、行動の旗振り役は経営者です。その経営者が、属人的な資質や能力に頼った行動をとってしまうと、業績に波が生じることになりますし、少なくとも過去の蓄積を次の世代へと活かすことができません。

だからこそ、事業承継の基本を理解し、それを踏まえたうえで自分なりの強みを発揮していくことが大切です。会社を引き継ぎ、自分の代でさらに発展させていこうと考えているのであれば、過去の踏襲と未来への挑戦は不可欠でしょう。

それこそまさに、事業承継の課題そのものです。会社が果たすべき目的であるファンの獲得を、100年、200年にわたって継続していくために、全社的な取り組みによる伝統の理解と将来への発展を実現していく。それが事業承継のあるべき姿ではないでしょうか。

そう考えると、事業承継は経営者だけが行動すればいいわけではないことがわかります。会社全体として、時間の経過に耐えられる組織をつくるために、個々人が行動できる体制を整えることがベストです。その過程で、あくまでも通過点として、100年企業が生まれていきます。

2 100年企業の羅針盤は「価値の伝達」

次の世代へ価値を伝えていく

事業承継といっても、ただ事業を次世代に引き継げばそれでいいわけではありません。当然のことながら、経営者と後継者、双方の合意が必要ですし、何よりそれぞれが事業について正しく理解している必要があります。

もし、それぞれが事業について正しく理解していなければ、どうなってしまうのでしょうか。現経営者としては、企業の価値を正確に伝えることができず、また後継者としては、その企業の強みを活かして事業を継続していくことができません。

とくに、ビジネスモデルの寿命がまだ先にあるのにもかかわらず、そのポイントを伝えられないまま事業を承継してしまえば、せっかく運用中であったビジネスモデルも無駄となってしまいます。それでは、事業を失速させてしまうことにもつながりかねません。

そうではなく、既存事業の成長スピードを維持しつつ、必要があればモデルチェンジするなどの対応も検討していくこと。それこそ、事業承継で実現するべき、次世代へのバトンタッチです。その背景にあるのは、単なる承継ではなく、価値の伝達です。

企業の価値を正しく理解し、それを次の世代に伝えることができれば、後継者もまた事業を発展させられる可能性が高まります。さらに、事業がピークアウトしてから悩むのではなく、その前に何らかの手を打つことも可能となるでしょう。

そのためには、企業の価値を正しく理解し、現経営者と後継者の間でそれをきちんと伝達し、共有しつつ、次世代の経営を行っていく。それが本来の意味での事業承継なのであり、事業承継の意義を最大化するために必要なことと言えそうです。

企業における価値の拡大

企業において成長が欠かせない以上、企業価値の拡大は経営者の役目となります。その点において、企業経営者の手腕が発揮されることになります。企業が長く、それこそ100年以上にわたって存続していくことを想定するのであれば、事業承継もまた経営者の仕事となるはずです。

人生100年時代と言われているように、現状においては、社会人が活躍できる期間が延びているのも実情です。65歳で会社を退職した人であっても、第二の人生として、新たに仕事をスタートしている事例も枚挙にいとまがありません。

ただし、こと経営者の場合であれば、すでに述べているように、ビジネスモデルの衰退を考慮しておく必要があります。いくら事業経営を担える体力があったとしても、次世代が育ってきているのであれば、企業の刷新という観点からも、事業承継のタイミングについて考えておくべきなのです。

とくに、事業承継を通じて価値の伝達を実現したいのであれば、早い段階から準備を進めておく必要があります。きちんと計画を立て、時間をかけて事業承継を実践していけば、価値の伝達もまたスムーズに実現できることでしょう。

そのようにして成功させた事業承継は、次の価値を生みます。そしてまた、新しい世代へと事業を引き継いでいく。事業承継をするたびに、企業に新たな価値が蒸されていく。それこそまさに理想的です。価値の連鎖が、企業を成長させていくのです。

その場合の価値とは、何も数字的な部分のみにとどまりません。ソフトとしての価値、つまりはその企業の魅力や良さ、雰囲気、受け取る側の印象までをも醸成し、さらなる発展へとつながる可能性があります。

価値をどのように伝えていくのか

事業承継にあたり、経営者としては、いかにして価値を伝えられるかを考えなければなりません。次の世代である後継者に会社の価値を伝えることはもちろん、顧客や取引先、あるいは社会に対して価値を伝えていくことが求められます。

事業承継というと、現経営者と後継者、たとえば親と子だけの問題だと考えてしまいがちです。しかしそうではありません。会社はその後も継続していきます。１００年企業ともなると、何代にもわたって経営者の交代が行われるのが普通です。

そのときに、経営者間だけで事業承継が完結してしまうと、その都度、企業の価値を高めていくことはできません。そうではなく、あらゆるステークホルダーとの関係性を考慮して、多面的にとらえることが大切です。そうすることで、事業承継による企業の価値向上に貢献できるかもしれません。

ただし、価値を伝えていくのは簡単なことではありません。自社の価値を丁寧に洗い出し、きちんと把握したうえで、正しい方法によって伝えていく努力が必要です。それは関係者とのコミュニケーションであり、社会とのコミュニケーションでもあります。

そのような認識をしたうえで、当事者間での事業承継を進めていけば、価値の伝達が自然と行われることでしょう。事業承継全体の必要性と可能性を踏まえた活動こそ、現経営者と後継者、親と子の事業承継を成功させることにつながるのです。

3 事業承継はゴールではない。次の100年のスタート地点である

時代は変わっていく

事業承継を経て、社長の交代が無事にできた瞬間に、「親子でM&A」が終了するわけではありません。事業承継に必要な作業も、あるいは社長交代も、企業が続いていくため

に必要な「親子でＭ＆Ａ」の一過程でしかありません。

そもそも経営の永続性を高めていくために必要なのは、次の展開を考えることです。目先のことを考えて突き進んできた創業期を経て、やがて過去が蓄積されてくると、過去も含めた今を見るようになる。そして、少しずつ未来が見えるようになってきます。

会社の未来が見えてくると、当初のビジョンや理念をあらためて確認し、さらに具体的な中長期計画が設定できます。時代の変化とともに会社も変わりながら、少しずつ、あるべき姿へと向かっていく。その過程において、社長が交代するのは自然なことです。

問題なのは、社長交代の過程がスムーズに行われない場合です。すでに述べてきた通り、社長の交代はピンチではなくチャンスとしてとらえるべきです。会社が若返り、現場が変革し、これまでできなかったことにも挑戦できるタイミングとなり得ます。

それにもかかわらず、手続き的な問題や後継者不在、あるいは金銭的なトラブルによって事業承継がスムーズに行われていかないと、社長交代というステップが単なるハードルにしかならなくなってしまいます。それは、「親子でＭ＆Ａ」の本旨ではありません。

「親子でM&A」こそが100年企業への第一歩

「親子でＭ＆Ａ」によって実現するべきなのは、時代の変化に耐えられるような会社の成長であり、会社そのものの変革です。そしてそれは、伝統を無視することではなく、新しい形で活かしていくために必要な方策でもあるのです。

日本には、世界に誇れるたくさんの伝統があります。工芸品や食文化だけでなく、技術力や慣習、礼儀作法など、私たちの日常に溶け込んでいるものの中に、数多くの価値が存在しています。そういったものに、100年企業となるための暗黙知が隠されているかもしれません。

それらを汲み取るには、過去からの蓄積を今に活かし、さらに次の世代へと受け継いでいくことが大切です。それらの点が連続して線となり、面へと拡大していくことで、より持続可能性をもった要素の集合体へとなっていくのです。

「きっと伝わるだろう」という期待は、いつか、大切なものが途切れてしまう危険性を孕んでいます。「伝わるであろう」ではなく「伝えていこう」という積極的な姿勢こそ、長寿企業の原動力であり、「親子でM&A」で実現するべきことです。

長年にわたり事業を続けてきた100年企業であれば、そうした暗黙知を何らかの方法で後世へと伝えているはずです。そうすることで、過去から未来へと価値を伝承しているのです。その過程を考えてみても、事業承継はゴールではなく、過程でしかありません。

より広く世界に価値を伝えていく

これから先、企業が視野に入れるべきなのは、国内市場だけではありません。広く、世界へと展開していくことにより、可能性を広げることができます。それは、あらゆる業種・業態の企業にいえることです。

企業が世界へと展開していくというのは、価値を世界へと伝えていくことにほかなりません。その企業が長年にわたって培ってきたものを、さまざまな地域で提供していく。それはまさに、世界規模での地域貢献へとつながります。

とくに、日本に数多くある長寿企業の価値は、もっと世界へと広めていくべきではないでしょうか。長く続くことにより、伝統が活かされ、技術やノウハウ、知見もまた承継されていきます。そういったことを、参考にしたい国はたくさんあるはずです。

事業承継の過程を経て、暗黙知を形式知へと変えていき、どのように社会が変わっても対応できるような組織づくりをしていけば、展開するエリアが異なっていても、その知見を活かすことができるはずです。そうすることで、事業の安定性はさらに高まります。

グローバル社会と言われて久しい昨今。その実、世界展開に着手できていない企業は少なくありません。事業承継を新たなスタートとしてとらえ、市場を世界に求めていくことも、１００年企業の実現に貢献することになるでしょう。

4 日本の100年企業が世界に影響を与える！

日本における企業の暗黙知

日本にはたくさんの老舗企業があるにもかかわらず、それらの企業から得られる情報は限られています。とくに、かつて倒産や廃業によって人知れず消えていってしまった中小企業の実情は、社会に共有されることなく、そのほとんどが文字通り消失しています。

本来、そのような暗黙知は、社会に共有されてしかるべきものではないでしょうか。松下幸之助は、「企業は社会の公器である」という言葉を残しています。そこで培われた知見や経験は、社会全体として共有し、次に活かされていくべきなのです。

世界的なベンチャー企業発祥の地として有名なアメリカのシリコンバレーでは、「Fail fast（早く失敗をしろ）」という言葉が飛び交っています。その理由は、失敗から数多くのことを学べるためです。失敗しても、そこから学べば次に活かせるということです。

もちろん、事業が存続できないような失敗をしてしまうのは避けなければなりません。あくまでも事業を続けながら、小さな失敗を早く繰り返し、そこから次の学びを蓄積していく。そのような好循環によって、やがて企業は100年企業へと成長していきます。

100年を超えて存続している企業には、きっと、たくさんの失敗が蓄積されていることでしょう。廃業によって消えてしまうことなく、脈々と受け継がれていく失敗の山が、新しい価値を創出しています。それも、正しい事業承継が行われてこそなのです。

ゴーイング・コンサーンとしての企業体

現場で働いている人の多くは、まさか自分の会社が潰れるなんて思っていないはずです。日々、倒産のニュースは報道されているものの、それが自分事になると途端に現実感がなくなるものです。過去、私もそうした経験をしてきました。

企業の倒産が自分事になると、個々人のライフプランはもろくも崩れ去ってしまいます。それまでに描いてきた未来も、あるいは日々の計画も、役に立たないものとなってしまうでしょう。場合によっては、一からやり直さなければなりません。

そのような状況に追い込まれてしまう背景には、会社の倒産、ひいては社長や役員の責任があります。判断を誤ってしまうのは仕方がないことかもしれませんが、できることなら、より計画的にリスク管理をしつつ、継続できる企業をつくりたいものです。

少なくとも、情報が共有されておらず、いきなり「当社は今月で廃業します」などと宣言されてしまうような事態は避けたいものです。トップとしても大変な思いをすることになりますが、何より、そのことを知らされていない関係者のショックは計り知れません。

やはり、トップが中心となり、経営理念や想いを背景としたベクトルを社員全員と合わせ、情報共有をできる限り進めていくことが大切です。それぞれがそれぞれの考えで動いてしまうと、企業が一枚岩になれません。全社員がまとまれるような組織をつくりましょう。

継続できる企業をつくるために

株式会社の起源は1602年に設立された「東インド会社」だと言われています。当時は、航海に出ることによって生じるリスクを分散するために、多くの出資者を募りつつ、出資額に応じた利益の分配を行っていたようです。たしかに、株式制度と酷似しています。

ただ、そこにはゴーイング・コンサーンという発想がありません。航海する度に投資家がリスクを負い、得られた利益を分配するだけでは、プロジェクト単位でしか活動が存在していないことになります。それが大航海時代の株式会社というわけです。

そうなると、継続が意識されるようになったのは、「会社・企業」という概念が生まれた近代であると考えるのが自然です。とくに日本の場合、高度経済成長を経て根付いた「終身雇用・年功序列」型の働き方が、企業の永続性を裏付けるものとなりました。

時代が変わり、日本でも成果主義が取り入れられるようになると、私たちの働き方はより自己責任への意識が強まっています。たとえ勤めていた企業がなくなっても、個々人でリスク管理をしていなければならないという発想があるのも事実です。

しかし、自己責任への理解が深まり、転職や移動の自由が保証されていたとしても、企業が長く存在し続けることの価値は変わりません。働いている人はもちろん、関係者とともに価値を伝承していくゴーイング・コンサーンの姿勢は、やはり企業のあり方を根本から支える基礎なのです。

5 100年永続繁栄を目指し、世界にインパクトを与える会社をつくる

社会を変える100年企業

世の中に100年を超える老舗企業が増えていくことは、日本経済にとってもプラスの効果をもたらすと考えられます。持続可能性を高め、古いものを大切にし、さらに永続的な発展を実現できれば、より安定的な経済成長にもつながるはずです。

ただ現実問題としては、後継者の不在であったり、あるいは事業承継に関する知見が共有されていなかったりするために、存続が危ぶまれている企業はたくさんあります。団塊の世代がいわゆる老齢期を迎え、その流れはさらに加速してくる可能性があるのです。

しかし一方で、日本には数多くの老舗企業が存在しています。そのような企業を見習い、正しい知識に裏付けされた方法を実践すれば、１００年企業の実現も夢ではありません。本書でお伝えしてきた内容はまさに、そのためにあると言えます。

未曾有の少子高齢化が進展する日本企業は、世界的な視点から見て、「課題先進国」と表現されています。これから先、世界の国々が直面するであろう諸問題を抱えており、その問題への対処とその結果が、世界中から注目されているということです。

もし、日本の伝統ともいえる長寿企業をより増やすことができれば、日本全体として、課題先進国としての役割を果たしたと言えるのではないでしょうか。それには、政府主導で行われることだけでなく、民間の力も欠かせないはずです。

１００年企業が日本を元気にする

経営において、ピンチをチャンスにできるかどうかは、経営者の手腕にかかっています。その点、日本の置かれている状況もまた、ピンチであり、チャンスへと転換させるべき事態であると言えそうです。ただ、それはひとりではできません。

企業であれば、現経営者と後継者、そして役員も含めた全社員が行動し、次の世代へとバトンタッチしていく。そうした姿勢があるからこそ、より価値のある成長企業が、100年、200年と続いていけるのではないでしょうか。


日本全体で課題を共有しているからこそ、国のバックアップも期待できます。事実、中小企業庁が中心となり、事業承継に関するさまざまな支援を実施しています。そうすることで、国をあげて長寿企業の実現を進めているのが実情です。

ベンチャー企業のような新しい企業の創設も大事なことですが、事業承継によってそれまで培われた価値を活かすことも大切です。事業承継によって第二創業を実現できれば、ベンチャー企業の設立と類似した効果も得られることになります。

後継者にとっても、自分の会社を創業するのではなく、それまで存続していた事業をさらに大きくするということは、大変でありながらやりがいのあることです。起業家精神がある方であればなお、創業と事業承継を同列で考えてもらいたいものです。

1を100にできる事業承継の醍醐味

まったく何もない「0の状態」から、「1の状態」を実現するのがベンチャー企業であれば、事業承継は、その「1の状態」を10にも100にも1000にもできる可能性があります。そこに、事業承継ならではの醍醐味があるのです。

もちろん、0を1にするのは大変です。何もないところから価値を生み出していくことは、失敗の連続でしょうし、場合によってはいつまで経っても芽が出ないこともあるでしょう。そこには大きなリスクが含まれています。

その過程において、もし0を1にすることができれば、企業はどんどん成長していきます。とくにインターネットが普及した現在では、加速度的に成長していくケースも少なくありません。

ただし、成長だけを追い求めてしまうのは危険です。過度な成長志向のベンチャー企業が、社会的責任をおろそかにした結果、大きな不祥事を引き起こしてしまうケースは枚挙にいとまがありません。やはり、CSR（Corporate Social Responsibility）への意識は大切でしょう。

事業承継は責任が前提となっています。責任を持って会社を引き継ぎ、運営し、そのうえで成長も実現していくのが後継者の役割です。事業承継によって、ベンチャースピリットを実現しつつ、責任のある企業運営を実現していきましょう。

事例にみる事業承継のポイント⑧

自動車関連部品製造業を営むH社の事業承継

自動車関連部品製造業を営むH社では、すでに後継者が代表取締役社長に就いていたものの、前社長が会長職にとどまっており、いわゆる〝院政〟を敷いている状態でした。そのため、社内では「まだお前には実権をわたさない」という雰囲気があったのです。

いくら社長職に就いていても、会長が実権を握っているままでは、代表としての仕事はできません。それでは事業承継ができていないのと同じです。後継社長としては、自分なりの仕事をすることができず、やり辛さを感じてしまうことでしょう。たしかに、取引先や営業先など、社外の人からしてみれば社長は社長です。「この人に全権があるのだろう」と考え、交渉を進めていくことになるはずです。しかし実際には、社に戻ってから、あらためて会長にお伺いをたてなければならないという実情がありました。

さらにH社の場合、株式も会長が保持したままとなっています。本来、事業承継においては、社長職を交代する際に株式も移譲するのが普通です。しかしH社の場合は、実権だけでなく、株も持ったまま会長が居座っているという格好です。

このようなスタイルでは、社長としてのモチベーションが上がるはずもありません。実権のない社長として仕事をしていても、肩身が狭いでしょうし、何より社長としての力が身につきません。やがて、居場所のなさを感じてしまうこともあるはずです。

会長として会社にとどまるということ

H社の場合、会長はすでに80歳近く、そして社長は50台の半ばです。年齢的にはいつ事業承継をしてもいいのですが、それでも、会長がなかなかその地位を譲らない。元気な高齢者が増えている現代において、このような会社は増えていくかもしれません。

ただこのようなスタイルでは、いつまで経っても後継者が育ちません。形だけの社長職では、社長本来の勘が養われることもなく、また責任感が伴いません。そうなると、事業承継の準備が進まないままとなってしまうのです。

会社のことを考えれば、適切なタイミングで事業承継の意思を伝え、そのうえで期間を区切って準備を進めていくのが理想的です。事実、事業承継のためにやるべきことはたくさんあります。加えて、それなりの期間も必要なのです。

それにもかかわらず、会長が実権を握り続け、さらに社長としても交代を言い出せないままの関係では、社内外の関係者も戸惑うことでしょう。会社がいつまでも変われなければ、時代に取り残されてしまう危険性も否定できません。

たしかに、社長がまだ育たないうちは、会長として会社にとどまるのもひとつの方法です。しかし、期間を明確にせず、いつまでも実権を握り続けるというのは考えものです。あらかじめ時期を明確にし、世代交代をきちんと果たすことが理想的です。

後継者の成長は想像よりもずっと早い

とくに親子間での事業承継というのは、つい、「あいつはまだ子どもだから」と考えてしまうものです。親にとってみれば、子どもはいつまでも子ども。どこか、物足りなさを感じてしまうのも無理のないことでしょう。

ただ、親が思う以上に、子どもの成長は早いものです。物足りないと思っていた子どもも、よくよく観察してみると、いつの間にか頼りがいのある人間に成長しているということもあるはずです。そしてそれは、責任のある仕事を任せてみなければばわかりません。

とくに若い人であれば、今はまだ発展途上であったとしても、「役職が人を育てる」こともあります。信じて任せることもまた、親として、そして現社長としての役目です。会社のこと、本人のことを考えて、決断する時期を逃してはなりません。


事業承継の時期を見極めることも、親子間のコミュニケーションがカギとなります。普段から会社の将来について話し合い、膝を突き合わせて議論していれば、お互いに不満を抱えたまま事業を進めていくということもなくなるはずです。

できることなら、お互いがお互いにすり寄っていくこと。どちらか一方ということではなく、それぞれが会社のことを思い、将来についてきちんと話し合いを展開すること。それが結果的に、お互いのためにもなるのです。

あとがき

「だまって背中を見せていればいい」という時代は終わった

本書で紹介してきたように、私が考える「親子でM&A」のコンセプトとは、第三者との間に成立しているM&Aのプロセスや手続きを、〝親子間の事業継承〟にそのまま当てはめることにあります。

親子間でM&Aを行うことにより、子どもは親の事業を認識することができ、親はそれを伝えることができます。それが事業承継を成功させるカギとなります。

とくに大切なのは、そのような過程をないがしろにせず、きちんとステップを踏むことです。

たとえば、後継者に対して、次のように接している経営者の方はいないでしょうか。

●親子なら話などしなくてもいい。子どもは親の背中を見て事業の魅力に気がつくはずだ。
●言葉にしなくても以心伝心。事業の概要は伝わっているはずだ。
●自分で事業の詳細について勉強し、きちんと理解するのが後継者としての責務だ。

しかし現代は、だまって背中を見せていればいいという時代ではありません。たとえ血のつながった親子であっても、事業の価値を正しく伝えることができなければ、お互いに納得できる事業承継はできません。

きちんと伝えることによって、子どもは親の事業を正しく理解できるようになります。一方、伝える側の親としても、自らの事業をどうするのかについて幅広い視野で考えることが、事業承継の可能性を広げます。

それこそまさに、時代に合った事業承継、そして会社存続のあり方なのです。

20年で300件の事業承継をやってわかったこと

私は過去20年でおよそ300件の事業承継に携わってきました。その中において、次のような親子を目の当たりにしています。

ある不動産建売業を営んでいるオーナー社長は、すでに80歳。息子に社長の座を譲るタイミングをうかがっていました。そのとき息子さんは50歳。彼もまた、事業を承継するつもりだったのです。

ところが、事業方針に関してそれぞれの意見がすれ違い、事業承継がなかなか進みません。既存の事業をそのまま継続してもらいたい現社長に対し、後継者は、抜本的な改革を実現したいと主張していたのです。

親子の話し合いは平行線をたどりました。さらには現社長が「おれの仕事を否定するつもりか!」と、怒り始めてしまったのです。

その結果、いつまでも経っても事業承継が行われないまま、月日だけが経過していきました。

そんなある日、現社長に初期のがんが見つかるのです。

そうなると、早急に事業承継を進めていかなければなりません。私の元へ相談に来られたとき、すでに、そのような切羽詰まった状況だったのです。

これから先、経営者の高齢化が進展するにあたり、このような事例が増えていくのではないでしょうか。ただ、限られた時間の中では、できることも限定されてしまいます。

できるだけ早く準備をし、事業承継についてお互いに考え、正しいコミュニケーションを重ねていくこと。それが企業をより長く存続させるための要諦であることを、ぜひ忘れないようにしてください。

「親子でM&A」が日本をもっと元気にする

ちなみに、相談に来られた息子さんに対し、私はどうしたのか。もちろん、本書で詳述している「親子でM&A」を踏まえてアドバイスをしています。

具体的には、息子さんが自社事業のデューデリジェンスと事業承継後の自社事業の将来ビジョン設定を行い、それらに基づき会社の中長期事業計画を作成。自分が社長となった後の会社像を数値で示し、同時に言葉で想いをつづりました。当社はそのためのサポートをしています。その結果、息子さんが示す事業計画のほうが、将来性がありそうだとわかりました。

そのうえで、社長と後継者との承継プレゼンテーションの場を設定し、後継者から社長への、承継後事業計画というデータに基づくビジョンと思いを伝えました。さらに、社長からあらためて会社の沿革と想いを聞くことで、双方の理解へと至りました。

そのような経緯を経て、双方が納得できる事業承継を実現できたのです。最終的には、現社長にきちんと退職金を支払いつつ、円満解決となりました。

父親は息子に会社を譲り、息子さんなりの経営方針で会社を続けてもらう。また息子さんのほうは、退職金を支払うことで父親には引退してもらう。M＆Aの交渉と同じように、それぞれの条件を提示することで、双方が納得できる結論に至りました。

このように、お互いが譲り合うことによって、会社の引き継ぎをスムーズに行うことが可能となります。

このとき私がしたのは、一般的なM＆Aのプロセスを、親子間の事業承継に落とし込んで行ったに過ぎません。具体的には次のとおりです。

1．デューデリジェンス（企業価値の精査）を行う。**〈現状把握〉**
2．お互いに企業価値への合意をしてもらう。**〈現状把握＆プレ承継〉**
3．後継者が想定した事業計画に沿って会社を経営したら、必ず成果が上がることを創業社長に伝える。**〈プレ承継〉**

4．正しいプロセスに則って事業承継を進める。〈**事業承継の実践**〉
5．双方の事情を考慮して、事業承継後も考慮に入れる。〈**ポスト承継**〉

これこそまさに、本書で紹介している「親子でＭ＆Ａ」そのものです。

後継者不足の企業が１２７万社あるとされる現在、「親子でＭ＆Ａ」の必要性はさらに高まることが予想されます。

そして「親子でＭ＆Ａ」のプロセスを経ることで、その会社は企業価値が高まり、１００年継続するにふさわしいものとなります。一方で、企業価値が高まるということは、自社株式の評価上昇につながり、その結果、株式評価対策や相続税対策に頭を悩ますことになるというのが現状でした。

しかし、平成30年から10年間という期間限定ではありますが、新事業承継税制を適用することにより、事業承継にかかる相続税・贈与税が猶予・免除されることになりました（事業承継税制の詳細については、当社事業承継サイトをご参照ください）。

これから先、経営者の方は企業の将来性・魅力を高めることに注力できるのです。

数多くの優良企業を未来に残していくために。そして日本全体をもっと元気にするために。本書で提案する「親子でＭ＆Ａ」が何らかのお役に立てることを願いつつ、筆を置きます。

２０１８年５月

田中　一

事業承継サイトのご案内

平成30年度税制改正により、新しい事業承継税制が始まります。

従来、自社株式の後継者への移転（贈与・相続）に関する税金は、事業承継の大きな課題の一つでしたが、この制度はその解決策として効果的なものとなっています。
新事業承継税制は、組織力があり収益性・成長性に優れた財務体質が良好な会社に適用することが最適です。
そして、このような会社は、後継者が将来性を感じ、進んで承継したくなるような会社です。

経営者の方は、新事業承継税制の適用を視野に入れることで、自社株式の評価を気にすることなく、承継のタイミングまで事業を最大限に成長させることができます。

新事業承継税制に関する詳細をはじめ、事業承継に関する情報をご提供するサイトを設けておりますので、ぜひアクセスしてください。

URL：http://alphazaisan.co.jp/media/

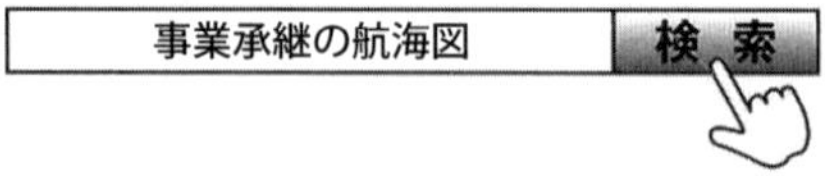

● 著者プロフィール

田中　一（たなか　はじめ）

アルファ財産コンサルティング株式会社代表取締役
税理士法人タックスウェイズ代表社員
サンブリッジコンサルティング株式会社代表取締役

●資格

税理士、CFP®、宅地建物取引士

●学歴等

1965 年 1 月 15 日　青森県青森市生まれ
1988 年　明治大学法学部法律学科　卒業
2004 年　明治大学大学院法学研究科　税理士訴訟補佐人講座　修了
2005 年　早稲田大学ファイナンス研究センター　ファミリービジネス研究講座　修了
2007 年　青山学院大学院法学研究科ビジネス法務（税法務プログラム）専攻　卒業（法学修士）

●略歴等

大学卒業後、国税専門官として税務署に勤務。税理士試験に合格後、現 EY 税理士法人で、オーナー社長の事業承継対策を担当。創業 400 年を超える老舗企業をはじめ、100 年企業をめざす会社の仕事に携わり、事業承継により「世代を結び 100 年をつなぐ」ことの意義を学ぶ。

その後、上場企業の M&A・組織再編などの案件にも携わる。

2010 年、マネジメント・バイアウト（MBO）により部署ごと独立した会社が解散。その後、税理士事務所等勤務を経て、田中 一税理士事務所を開業。

2014 年 4 月、アルファ財産コンサルティング株式会社を設立するとともに、田中一税理士事務所を税理士法人タックスウェイズに統合。世代を結び 100 年をつなぐ税理士として事業承継部門を立ち上げ。

現在は、「親子で M&A」を提唱し、経営者と後継者が経営理念、ビジョン、経営計画を共有し、シームレスな経営承継・事業承継を実現することに注力し、会社を取り巻く全ての人の笑顔が続く 100 年企業を創るサポーターとなるべく活動。

事業承継・企業グループ内の組織再編・M＆Aコンサルティング歴約 20 年、大企業から中小零細企業 300 社強のコンサルティング経験を持ち、その実績数は日本 TOP クラス。

企画協力　天才工場　吉田　浩
編集協力　上村雅代
山中勇樹
組　版　GALLAP
装　幀　華本達哉（aozora.tv）

100年企業をつくる　親子でM&A
——三世代事業承継のコツ

2018年6月20日　第1刷発行

著　者　田中　一
発行者　山中　洋二
発　行　合同フォレスト株式会社
郵便番号 101-0051
東京都千代田区神田神保町 1-44
電話 03（3291）5200　FAX 03（3294）3509
振替 00170-4-324578
ホームページ http://www.godo-shuppan.co.jp/forest
発　売　合同出版株式会社
郵便番号 101-0051
東京都千代田区神田神保町 1-44
電話 03（3294）3506　FAX 03（3294）3509
印刷・製本　新灯印刷株式会社

■落丁・乱丁の際はお取り換えいたします。

ISBN 978-4-7726-6112-6　NDC 336　188×130